AF359886

ESSAI

SUR

LES VARIATIONS

DU STYLE FRANCAIS

AU DIX-SEPTIÈME SIÈCLE

THÈSE PRÉSENTÉE A LA FACULTÉ DES LETTRES DE PARIS

PAR

ARNOULD FRÉMY

LICENCIÉ ÈS-LETTRES

* * *

PARIS

IMPRIMERIE DE H. FOURNIER ET Ce

RUE SAINT-BENOIT, 7.

1843

A MON PÈRE.

ARNOULD FREMY.

I.

Le sujet de cet essai nous semble assez généralement connu pour ne pas demander de longs préliminaires. Nous voulons essayer de rassembler quelques-uns des faits qui ont pu contribuer à la formation du style français du temps de Louis XIV. Nous disons *le style* et non *la langue :* on conçoit en effet qu'il ne saurait être ici question de l'histoire même de la langue française, de rechercher ses étymologies, les racines des mots, ni les origines de l'idiome.

Ce n'est point avec le XVIIe siècle qu'une pareille histoire pourrait être commencée ; la langue est faite dans ce siècle, ce qui a rapport à l'adoption des signes usuels est en grande partie fixé ; mais le style est encore à former,

Comment s'est fait le style du XVIIe siècle ? Quels événemens ont précédé sa grandeur? Ses expressions, ses tournures, ses beautés particulières, quand et comment sont-elles nées? Qu'était-il enfin avant et après le temps des chefs-d'œuvre du temps de Louis XIV ? Tel est l'objet de ces recherches.

On voit assez que nous ne prétendons en rien entrer dans l'histoire générale de la langue ; nous voulons simplement retracer le développement du style d'une certaine époque ;

nous croyons même pouvoir employer indifféremment l'un pour l'autre ces mots de *style* et de *langue*, qui n'auront point de significations distinctes et ne nous serviront qu'à varier les termes.

Ce sujet, bien que fort connu, nous a paru avoir été jusqu'à présent plutôt tracé qu'approfondi. Beaucoup de critiques ont dit en termes généraux que la langue au XVIIe siècle avait été débrouillée par Malherbe, que Balzac lui avait donné le nombre et l'harmonie, et que Pascal l'avait définitivement fixée. Mais ils se sont tenus pour la plupart à ces points sommaires, sans entrer dans le détail. Nous avons voulu, après tant d'écrits sur la littérature générale, essayer de donner quelques détails particuliers sur la langue du XVIIe siècle, qu'on n'a point cessé d'admirer, mais dont on s'éloigne de jour en jour.

Les écrits seront le fonds principal de notre sujet; nous y joindrons cependant certains faits d'histoire littéraire qui se rapportent à la formation même du style. Malherbe sera notre point de départ; nous suivrons la marche progressive du style jusqu'à l'époque des *Lettres provinciales*. La langue du temps de Louis XIV est alors entièrement faite; elle pourra s'étendre encore et se diversifier, mais seulement suivant le génie des écrivains; le fond ne changera plus.

Les trente années qui s'étendent entre Pascal et La Bruyère ne nous fourniront que des considérations générales; cette glorieuse période renfermant la plupart de nos chefs-d'œuvre, le sentiment de ceux qui nous lisent nous suppléera. Mais nous pensons que le style en passant dans le XVIIIe siècle n'a pas conservé son caractère et s'est même sensiblement altéré; nous essaierons aussi de marquer ces altérations. Ainsi, après avoir recherché comment s'est formé le style du XVIIe siècle, nous aurons à voir comment il s'est corrompu.

On voudra bien, en faveur de l'étendue et de la difficulté du sujet, nous pardonner certaines assertions qui pourront paraître hasardées prises isolément et faute souvent d'être entourées de preuves suffisantes ; mais nous avons dû dans plus d'un cas présenter les choses sous une forme succincte et nous en remettre aux lumières des esprits qui voudront bien discuter cet essai. Nous oserons dire que la pensée de voir ces recherches soumises à des décisions infaillibles en matière de langage et de goût, nous a surtout encouragé à les entreprendre. Puissent-elles du moins, à défaut d'autres titres, attester notre zèle et notre admiration pour ce style du xviie siècle, auquel il faudra toujours revenir lorsqu'on voudra s'efforcer d'écrire avec noblesse et pureté!

II.

MALHERBE.

Nous n'avons pas à nous occuper ici en particulier du mérite poétique de Malherbe. Ces questions si souvent agitées, si la nature ou le travail l'avait fait poëte, s'il était poëte ou seulement versificateur, etc., ne sont pas de notre sujet. Nous devons rechercher seulement ce qu'il a fait pour la langue du temps de Louis XIV, ou, afin d'abréger, pour le style *du bon temps* [1].

Malherbe, comme on l'a dit souvent, a réparé la langue; mais ce n'est pas dire assez si, par là, on entend seulement qu'il l'a dépouillée de la rouille de Ronsard, qu'il lui a donné la clarté, la justesse et la correction. Ce sont là des qualités essentielles sans doute, mais qui se rapportent autant à la grammaire qu'au style. Outre ces réformes grammaticales, Malherbe a montré le premier une des qualités souveraines de la belle langue : il a introduit le mouvement dans le style de la poésie.

Ce mot de *mouvement* a rarement été pris au XVIIe siècle

---

[1] Cette expression est de Voltaire; il l'a souvent employée comme pour marquer son sentiment sur les diverses époques du style. On lit dans le *Siècle de Louis XIV*, à l'article de l'avocat général Bignon, mort en 1656 : « Il n'était pas encore *du bon temps* de la littérature »; et dans le *Dictionnaire philosophique* : « Avant que *le bon temps* fût venu, Voiture avait quelquefois beaucoup de délicatesse et d'agrément, etc.... »

dans le sens d'aujourd'hui. On disait alors *avoir du tour* [1].
On dit à présent d'un style qu'il a du mouvement, ce qui
veut dire que non-seulement il a des tours libres et variés,
mais qu'il a aussi un certain entraînement général qui ne
laisse point languir l'esprit. Nous adopterons l'acception
moderne comme plus étendue et même plus juste que
l'ancienne, car il est rare qu'un écrivain qui a d'heureux
mouvements de détail n'ait pas aussi le mouvement de
l'ensemble.

Les critiques [2] du XVIIIe siècle ont fait généralement peu
d'attention au mouvement et aux tournures; ils se sont
surtout attachés aux figures, aux comparaisons, aux métaphores; ces ornements ne font pas toute la diction. La
marche et l'enchaînement des périodes, la façon neuve et
surprenante dont une phrase est attaquée et soutenue,
certaines apostrophes vives, hardies, qui interrompent par
des traits imprévus la suite du discours, ces détails et tant
d'autres qui tiennent au mouvement sont aussi des beautés
du style. Le style antique offre tous les modèles des plus

---

[1] Ne dites pas de mal de vos lettres; il y a du tour et de l'esprit
partout. (Madame de Sévigné, lettre à sa fille, 2 mars 1689.)

[2] Nous croyons aussi devoir faire une remarque sur ce terme qui
a changé d'acception depuis son origine. Le terme *écrivain critique* ne signifiait guère, au XVIIe siècle, que *grammairien, anno-
tateur, reviseur de textes.* C'est dans ce sens-là que Saint-Evremond dit : « J'ai vu depuis quelques années un grand nombre
de *critiques* et peu de bons juges; or, je n'aime pas ces gens doctes
qui emploient toute leur étude à restituer un passage dont la resti-
tution ne nous plaît en rien, etc... » (Saint-Evremond, OEuvres,
1740, in-12, t. III, p. 101.) La Bruyère a dit dans le même sens :
« *La critique* souvent n'est pas une science, c'est un métier où il
faut plus de santé que d'esprit, plus de travail que de capacité, plus
d'habitude que de génie. » (Des Ouvrages de l'esprit.) Depuis le
XVIIIe siècle, on entend par le mot de *critique* celui qui juge les
écrits et les auteurs. Nous adopterons le sens nouveau, pour désigner cet art peu pratiqué au XVIIe siècle de décider du mérite des
productions.

heureuses tournures, et sur ce point-là comme sur tant d'autres, nos grands écrivains se rapprochent de l'antiquité.

Laharpe, dans son Cours de Littérature, tout en rendant justice à la beauté de certains passages de Malherbe, ne paraît cependant pas avoir senti dans ses vers ce mérite du mouvement. Il dit : « Malherbe, occupé principalement de la langue et du rhythme qu'il avait à former, n'a pas assez de verve et de mouvement : son mérite consiste surtout dans l'harmonie et les images [1]. » Ce jugement nous paraît méconnaître une des qualités essentielles du génie de Malherbe. Voltaire qui s'est d'ailleurs peu occupé de ce poëte, ne le loue guère que d'avoir réparé le tort fait à la langue par Ronsard [2]. Il est à remarquer que le mérite particulier du talent poétique de Malherbe a été mieux senti au XVIIe siècle que dans le siècle suivant; on peut tirer de là peut-être quelque utile conséquence quant au génie littéraire des deux siècles. Les jugements trop rares portés sur Malherbe en son temps lui tiennent tous compte de ce mérite du tour [3] qui ne doit point être séparé de son titre de répara-

---

[1] *Cours de littérat.*, IIe part., liv. xi, chap. i.

[2] *Dictionn. philosophique*, art. *Français.*

[3] « Entre les poëtes françois Malherbe m'a presque toujours touché davantage que tous les autres. La justesse de ses pensées, la noblesse de ses expressions, la variété de son style, *le beau tour* de ses vers, et surtout, ce je ne sais quoi qui se voit, qui se sent, et qui ne se peut exprimer, lui donnent aussi, sans doute, le premier rang sur notre Parnasse. » (Ménage, préface des Observations sur Malherbe.)

« Nous avons eu plusieurs poëtes en France, mais nous n'en avons point eu jusqu'ici qui aient *tourné* plus délicatement les vers que M. de Malherbe. » (Chevreau, Remarques sur les OEuvres de Malherbe, 1641.)

« Il n'y a jamais eu de poëte, même parmi les Grecs et les Romains, qui ait mieux mérité ce titre que lui, soit à cause de son

teur de la langue, car un simple grammairien ne saurait réformer une langue.

On remarquera aussi, qu'à l'exception de quelques mouvements heureux, que l'instinct plutôt que l'art du poëte semble avoir fournis à Marot, aucun poëte avant Malherbe n'avait eu le secret d'animer et de diversifier le style par les tournures. Ronsard et les poëtes de la Pléiade n'ont que bien peu de traces du mouvement : si l'on met à part leurs inventions pédantesques, leurs locutions grecques et latines violemment transportées dans la langue, que l'on considère avec raison comme les principales causes de leur chute, on verra que la plupart de leurs vers sont froids, languissants et d'une accablante uniformité. Leurs odes, leurs sonnets, n'ont tous qu'un seul ton, qu'une même marche ; nulle variété, nul enthousiasme. Le peu d'invocations que l'on rencontre dans leurs vers ont quelque chose d'artificiel et de forcé, qui sent plutôt l'école que l'inspiration [1]. Chez Malherbe, au contraire, les mouvements poé-

génie qu'il appelle *divin*, soit à cause de l'heureux *tour* qu'il a fait prendre à notre langue, etc .. (Huet, *De claris interpret.* cité par Baillet, *Jugements des savants :* Malherbe.)

> « Marchez donc sur ses pas, aimez sa pureté
> Et de son tour heureux imitez la clarté. »
> (Boileau, Art poétique.)

[1] Voici deux exemples pris au hasard dans Ronsard, XLIXe sonnet. (Édit. in-fol., 1623.)

> Amour, amour, que ma maîtresse est belle !
>> Soit que j'admire ou ses yeux mes seigneurs,
>> Ou de son front la grace et les honneurs,
>> Ou le vermeil de sa lèvre jumelle.
> Amour, amour, que ma dame est cruelle !
>> Soit qu'un desdain rengrege mes douleurs,
>> Soit qu'un despit face naistre mes pleurs,
>> Soit qu'un refus mes playes renouvelle.
> Ainsi le miel de sa douce beauté

tiques sont d'une grande beauté, parce qu'ils partent tous d'une inspiration véritable.

Que l'on veuille bien parcourir quelques-uns des nombreux recueils de vers publiés souvent sans beaucoup de choix, au commencement du règne de Louis XIII [1], dans

> Nourrit mon cœur : ainsi sa cruauté
> D'un fiel amer aigrit toute ma vie.
> Ainsi repeu d'un si divers repas
> Ores je vis, ores je ne vis pas,
> Egal au sort des frères d'OEbalie.

Ces deux exclamations *Amour, amour, que ma maîtresse est belle! Amour, amour, que ma dame est cruelle!* sont heureuses et font croire d'abord que Ronsard sentait le tour poétique, mais leur effet est détruit par les six derniers vers et surtout par le trait mythologique de la fin, qui glace tout.

Cet autre sonnet offre un autre exemple du mouvement poétique à froid :

LIIIIe sonnet.

> O doux parler dont les mots doucereux
> Sont engraués au fond de ma mémoire !
> O front d'amour le trofée et la gloire,
> O doux sourcis, o baisers sauoureux,
> O cheveux d'or, o coutaux plantureux
> De lis, d'œillets, de porphyre et d'yvoire !
> O feux jumeaux, d'où le ciel me fit boire
> A si longs traits le venin amoureux !
> O dents plustost blanches perles encloses,
> Lèvres, rubis entrerougis de roses.
> O voix qui peux, ainsi qu'un enchanteur,
> Coup dessus coup toute mon ame esteindre !
> Pour son portrait nature le fit peindre :
> L'outil la Grace, Amour en fut l'autheur.

Qui ne sent que toutes ces exclamations ne partent pas d'un poëte vraiment inspiré, et ne se trouvent ainsi accumulées dans ce sonnet que parce que cette figure est venue à l'esprit de Ronsard ?

[1] *Nouveau Recueil des plus beaux vers de ce temps.* Paris, 1611. — *Le Cabinet des Muses.* Rouen, 1619. — *Le Séjour des Muses, ou la Cresme des bons vers de ce temps,* 1626; etc....

lesquels les vers de Malherbe se trouvent confondus avec ceux des Motin, des Duperron, des Bertaut, des Porchères, des Lingendes. Qu'après avoir lu ces strophes froides et rampantes, on arrive tout à coup au début de cette ode célèbre :

> Que direz-vous, races futures,
> Si quelquefois un vrai discours
> Vous récite les aventures
> De nos abominables jours ? etc.

On sentira, dès ce début, que le style français vient de trouver là un de ses tours les plus nobles et les plus fiers et qu'il ne perdra pas. Si on lit cette belle ode en s'attachant surtout aux tournures, on remarquera que la plupart des strophes commencent par un de ces mouvements inattendus, que Malherbe a mis le premier dans la poésie.

Ainsi, la seconde strophe s'ouvre par un tour autre que celui de la première, mais non moins beau :

> O que nos fortunes prospères
> Ont un change bien apparent, etc.

La troisième :

> Quelles preuves incomparables
> Peut donner un prince de soi ? etc.

Et la suivante :

> Qui ne sait point qu'à sa vaillance
> Il ne se peut rien ajouter, etc.

Enfin, après cette suite d'interrogations si naturelles et si bien liées au ton général de l'ode, on arrive à cette strophe qui emprunte sa beauté non pas tant aux détails de l'expression qu'aux tours qui précèdent et à son propre mouvement :

> O soleil ! o grand luminaire !
> Si jadis l'horreur d'un festin
> Fit que de ta route ordinaire
> Tu reculas vers le matin,
> Et d'un émerveillable change
> Tu couchas aux rives du Gange,
> D'où vient que ta sévérité,
> Moindre qu'en la faute d'Atrée,
> Ne punit point cette contrée
> D'une éternelle obscurité ?

Dans la même ode, on remarquera aussi l'invocation aux nymphes de la Seine :

> Revenez, belles fugitives,
> De quoi versez-vous tant de pleurs ? etc.

L'ode au roi sur le voyage de Sédan, offre également plusieurs de ces mouvements poétiques que n'avait point le style du XVI° siècle, et dont on doit rapporter l'honneur à Malherbe :

> Arrière, vaines chimères
> De haines et de rancœurs, etc.

> O roi qui du rang des hommes
> T'exceptes par ta bonté, etc.

> Mon roi, connois ta puissance,
> Elle est capable de tout..., etc.

> Va, monarque magnanime,
> Souffre à ta juste douleur, etc.

Enfin, pour achever ce qui a rapport aux tours, nous citerons comme un mouvement nouveau, bien que d'une autre espèce que les précédents , ce vers des stances à Duperrier :

Mais elle étoit du monde où les plus belles choses.., etc.

Ainsi, disons qu'avec Malherbe le mouvement, qui est un des principaux caractères du langage du XVIIe siècle, est découvert. Mais le style poétique a fait encore d'autres conquêtes. Il a acquis comme nous l'avons observé la justesse , la précision et la clarté. Il s'est défait d'un grand nombre de locutions obscures et de formes surannées. Cette réforme avait déjà été commencée par Bertaut et Desportes , mais avec timidité, sans force et sans éclat. Malherbe l'a consacrée par la gravité et l'élévation de son esprit. Quoi de plus pur et de plus majestueux que ces stances si connues :

N'espérons plus, mon âme, aux promesses du monde, etc.

Cette vigueur des premiers chants de Malherbe, si précieuse à l'origine de la langue , restera parmi les grands traits du beau style. Elle s'ennoblira encore en passant par Corneille, elle se polira en se rapprochant du règne de Louis XIV; mais elle subsistera et marquera de sa vive empreinte le style de Pascal , de Bossuet, et même plus d'un passage de *Britannicus* et de *Mithridate*.

Nous pourrions citer d'autres traits du génie de Malherbe. Au milieu de sa fierté et de son énergie , il a eu dans plusieurs de ses sonnets une certaine douceur et même quelques tours passionnés qu'on ne s'attendait pas à trouver en lui. Mais ce sont là des faits particuliers qui concernent plutôt Malherbe lui-même que l'ensemble du style. On trouve aussi dans ses vers, quelques imitations des anciens, et l'on peut regretter qu'il ait puisé trop rarement à cette source. Nous verrons plus loin ce qu'était le goût de l'antiquité du temps de Malherbe.

Reconnaissons seulement qu'en 1610, date que nous prenons pour celle du plein développement de son génie, le style, si rapproché encore de celui du XVIe siècle, a déjà pourtant acquis une partie de la correction, la justesse, la vigueur et surtout le mouvement.

III.

DE L'INFLUENCE DE MALHERBE SUR LE STYLE.

Il semble, lorsqu'on lit les bonnes pièces de Malherbe, que le style du xviie siècle soit sur le point d'être formé, et cependant nous sommes encore séparés de plus de quarante années du temps de sa perfection.

Malherbe a fait beaucoup sans doute pour le goût et le style, mais lorsqu'on rapproche ses vers de ceux de son temps, lorsqu'on pense que lorsqu'il parut, la France lisait encore des poëtes tels que *Nerveze*, on est en droit de s'étonner peut-être qu'après lui, la marche du style ait été si lente.

Mais il faut remarquer qu'au milieu de ses beautés, Malherbe a encore des taches nombreuses. Le mauvais goût se montre plus d'une fois dans ses vers; il a de fréquents prosaïsmes, des métaphores mal conduites, des expressions provinciales ou surannées; Ménage l'a accusé de *norma-nisme*, quelquefois même il *ronsardisait*, comme il l'a dit lui-même. Ses meilleures pièces ont des longueurs, et ne peuvent être citées que par extraits.

Sans entrer dans les détails, nous remarquerons que les quinze ou vingt années qui séparent l'époque de la mort de Henri IV de celle de la grande puissance de Richelieu, ne furent point un temps heureux pour la poésie. La plupart des esprits semblaient irrésolus dans leur marche, flottants entre le goût du passé et celui du présent. Les uns *pléiadi-*

saient encore ; les vers que fit naître en si grand nombre la mort de Henri IV, sont entièrement dans le goût de Ronsard.

D'autres écrivains plus sensés et plus justes, employaient le style naturel, mais presque toujours aux dépens de la noblesse, et même des bonnes mœurs. Livrés à eux-mêmes, vivant éloignés de la cour, certains poëtes se jetaient dans la débauche et la bassesse ; les troubles civils, les débordements qu'ils entraînent, les sentiments irréligieux qui commençaient dès lors à poindre dans les lettres, n'augmentaient que trop leur pente au libertinage. Tels furent les poëtes du *Parnasse satirique*, les Motin, les Théophile, les Saint-Amant, esprits extravagants, débordés, sans délicatesse et sans règle, vivant et rimant un peu à la mode de Villon. Cependant, au milieu de leurs irrégularités, ces esprits-là valaient mieux assurément que ceux qui continuaient Ronsard. On n'ose dire qu'ils aient profité au style ; ils ont eu cependant un certain naturel, et un peu de cette franchise gauloise qu'il faut conserver en faveur du génie comique.

Un poëte bien supérieur à ceux que nous venons de citer quant au génie, mais aussi peu délicat dans ses mœurs, Regnier le satirique, parut dans le même temps. Sans vouloir rabaisser en rien le père de la satire française, nous remarquerons que Regnier a peu fait pour le style du XVIIe siècle. Il a eu le naturel et la clarté de son temps, mais ses plus heureux traits, son genre de gaieté, ses expressions qui ont le plus de vigueur et de relief, tiennent surtout au goût du siècle précédent. Le tour lui a manqué comme à tous les vieux poëtes ; et quand Boileau a parlé des grâces du *vieux style* de Regnier, il a mis dans un seul vers un des oracles du goût.

Regnier fut l'ennemi de Malherbe ; on sait qu'il a dirigé contre les principes du nouveau style introduit par ce poëte, sa neuvième satire dédiée à Rapin. Théophile, Saint-Amant, s'opposèrent aussi à la réforme de Malherbe. Cette guerre du vieux langage contre le nouveau se perpétuera dans toute la première moitié du siècle, et nous en verrons les suites.

Cependant, on a remarqué avec raison que ces poëtes qui attaquaient la réforme de Malherbe, ne laissèrent pas de s'y ranger, tout en invoquant Ronsard dans leurs vers[1] ; ils se gardèrent bien de reprendre son style. D'où vint donc leur opposition ? Il y eut là sans doute un peu de ce penchant à la révolte, naturel à la plupart des esprits impatients d'un joug nouveau. Mais il faut se rappeler aussi ce qu'était Malherbe, grand poëte, mais esprit plus âpre et plus inculte qu'on ne l'était même de son temps. L'anecdote si souvent rapportée du repas de Desportes, prouve assez sa rudesse ; ce fut la cause de sa brouille avec Regnier, et l'on doit regretter sans doute que dans ce temps encore confus, ces deux poëtes aient vécu en inimitié.

Malherbe poussait fort loin l'orgueil, et n'en a donné que trop de preuves[2]. Cet orgueil, cette humeur vive et bles-

[1] Mais, Rapin, à leur goust, si les vieux sont profanes ;
Si Virgile, Le Tasse, et *Ronsard* sont des asnes :
Sans perdre en ces discours le temps que nous perdons,
Allons comme eux aux champs, et mangeons des chardons.
(Regnier, sat. IX)

[2] Les ouvrages communs vivent quelques années ;
Ce que Malherbe écrit dure éternellement.
(Sonnet au roi Louis XIII, 1624.)

> Toute la France sait fort bien
> Que je n'estime ou reprends rien
> Que par raison et par bon titre ;
> Et que les doctes de mon temps
> Ont toujours été très contents
> De m'élire pour leur arbitre.
(Ode à M. de la Garde, 1628.)

Je ne croy pas qu'il y ait de quoy m'accuser de présomption, quand je diray qu'il faudroit qu'un homme vinst de l'autre monde pour ne sçavoir pas qui je suis. Le siècle connoist mon nom, et le

sante, ce ton de maître qu'il affectait dans le commerce de la vie, et qui souvent l'a fait prendre pour un grammairien de profession, tout cela n'était pas fait sans doute pour lui concilier les esprits. Ainsi s'expliquent le peu de progrès que le langage poétique a faits de son temps. Le nouveau style avait à combattre à la fois les partisans de Ronsard, que Malherbe avait si fort maltraités [1], et les écrivains clairs et naturels qui, au lieu d'appuyer sa réforme, la combattaient par des raisons privées.

Un esprit moins rude et moins revêche, eût fait plus sans doute en moins de temps. Mais la politesse et la modestie, ces qualités du monde et du langage n'étaient pas encore nées dans les lettres du temps de Malherbe. Outre les beautés de la diction , le style du temps de Louis XIV se composera aussi de délicatesses et de bienséances, et tout en observant la suite de la langue, nous aurons à marquer les progrès de la politesse.

connoist pour un de ceux qui y ont quelque relief par dessus le commun. Et néantmoins ne sçay-je pas qu'il y a de certains chahuans a qui ma lumière donne des inquiétudes, etc.

(Malherbe à Balzac. — Recueil des lettres de Faret, 1627, p. 54.)

[1] Il avoit effacé plus de la moitié de son Ronsard , et il en cotoit à la marge les raisons. Un jour Yvrande, Racan, Coulomby et autres de ses amis le feuilletant sur la table , Racan lui demandoit « s'il approuvoit ce qu'il n'avoit point effacé ? — *Pas plus que le reste* , » dit-il. Cela donna sujet à la compagnie, et entre autres à Coulomby, de lui dire « que si l'on trouvoit ce livre après sa mort, on croiroit qu'il auroit trouvé bon ce qu'il n'avoit pas effacé? » Il lui répondit : « *Vous avez raison;* » et à l'heure même il acheva d'effacer le reste.

(Mémoires pour la vie de Malherbe, par Racan , XLIII, édit. Saint-Marc, 1757.)

IV.

DES POËTES APPELÉS LES DISCIPLES DE MALHERBE.

On a quelquefois donné le nom d'*école de Malherbe* aux
trois ou quatre poëtes tels que Racan, Maynard, Coulomby
qui ont vécu dans sa familiarité. Nous écarterons ce terme
qui peut convenir aux lettres considérées en général, mais
non aux détails mêmes du style qui nous occupent. Malherbe, comme tous les grands poëtes, n'a point eu d'*école*,
il faut réserver ce mot pour Ronsard. Mais a-t-il eu des
disciples? Oui, si l'on s'en rapporte à Racan [1]; mais si l'on
veut entendre par là que Malherbe a formé des poëtes, qu'il
a pu avoir de son temps l'influence exercée plus tard par
Boileau, chez qui le goût et le talent poétique se trouvaient
dans un si parfait équilibre, c'est, je crois, confondre les
époques.

Il est important, pour les progrès du style, de bien marquer le genre d'influence que Malherbe a pu exercer sur la
diction. Le peu de préceptes recueillis par Racan de la
bouche de son maître ne roulent guère que sur des points
de grammaire, des détails d'hémistiches, de rimes et de
césures. Balzac, dans un de ses Entretiens, a surnommé Malherbe *le tyran des syllabes;* d'après le peu qu'on sait de lui,
ce mot semble juste. Il paraît que dans ses conférences

---

[1] Il avouoit pour ses écoliers les sieurs de Touvant, Coulomby,
Maynard et Racan.

(Mémoire pour la vie de Malherbe par Racan, LI.)

avec ses disciples, il tyrannisait les mots, sans jamais s'élever jusqu'aux délicatesses et aux lois générales de l'éloquence et du goùt. Il semble que Malherbe n'ait été grand poëte que dans ses vers.

Quand Boisrobert sollicitait Corneille, au nom de Richelieu, de se soumettre au jugement de l'Académie sur *le Cid*, ce grand homme lui répondait avec sa candeur ordinaire : « Je ne suis pas d'humeur à éventer les secrets de plaire que je puis avoir trouvés dans mon art. [1] » On peut dire aussi de Malherbe, qui, du reste, a plus d'un trait de ressemblance avec Corneille, qu'il ne voulait pas ou plutôt ne pouvait pas *éventer* les secrets de son art. Il n'a guère communiqué à son temps que la correction et la clarté ; il a prêché la grammaire plutôt que la poésie. Ce ne fut qu'après lui que l'on vit se former cette influence régulière de la justesse et du goùt sur les écrits.

Comment attribuer à Malherbe une influence de beaucoup supérieure à celle du grammairien, lorsqu'on remarque que Racan, son disciple favori, et que la fable de La Fontaine rend inséparable du nom de son maître, n'avait pas la moindre teinture des langues anciennes [2] ? Racan n'a pas même songé à cacher son ignorance et l'a confessée ingénument [3]. Malherbe lui-même a fait, dans son style, peu

---

[1] *Hist. de l'Acad. franç.*, par Pellisson, édit. d'Olivet, t. I, p. 125.

[2] Il n'a aucun fond, et ne sait que sa langue, qu'il parle en prose et en vers ; il excelle principalement en ces derniers, mais en pièces courtes et où il n'est pas nécessaire d'agir de tête.
(Chapelain ; Mélanges de littérature, 1726, p. 226.)

[3] Cela vous a semblé si peu commun de voir des livres de la façon d'un homme qui à peine sçavoit assembler des lettres que tout y passe pour rareté, et vous y avez, je m'assure, remarqué des grâces que vous y eussiez appelées des défauts ailleurs.
(Discours *contre les sciences*, prononcé à l'Académie, le 9 juillet 1635, par Racan.)

d'emprunts aux anciens. A l'exception de sa belle imitation d'Horace : *Le pauvre en sa cabane*, etc.,.. ses comparaisons, ses figures sont tirées de son propre fonds , ainsi que l'a remarqué un ingénieux écrivain du siècle dernier [1].

Cependant , tout ignorant qu'ait été l'auteur des *Bergeries*, et tout faibles et rampants que ses vers nous paraissent aujourd'hui , il mérite un rang dans l'histoire de la formation du style. C'est chez lui qu'il faut chercher les premiers traits de cette ingénuité naturelle et de cette douceur tendre dont le beau temps du style aura la plus heureuse expression.

Voici des vers d'un goût nouveau , exempts à la fois et de la rouille de la Pléiade et de l'imitation des muses italiennes , encore si fréquente dans ce temps-là :

> Tout ce que je voulois, il le vouloit aussi,
> Il m'ouvroit ses pensers jusqu'au fond de son âme,
> De baisers innocents il nourrissoit ma flamme.
>> (*Bergeries*, acte II, scène II.)

Il m'ouvroit ses pensers jusqu'au fond de son âme est un vers doux et simple dont le charme doit passer de lui-même dans le langage des passions.

Racan a eu aussi quelques tournures qui , sans être absolument nouvelles après celles de Malherbe , montrent cependant que le mouvement était déjà naturel au style de la poésie.

Il fait dire à la bergère Artenice :

> Adieu donc pour jamais plaisirs pleins d'amertume,
> Adieu vaine espérance où l'âge se consume,

[1] Quoique nourri des beautés des anciens, il (Malherbe) en a rarement paré ses ouvrages ; content de s'en être servi à se perfectionner le goût, il semble avoir songé, dans la suite, à les égaler plutôt qu'à les imiter.

(Houdard de La Motte ; Discours sur la poésie. OEuvres, 1754, t. Ier.)

Adieu feux insensés auteurs de mes ennuis,
Adieu doux entretiens où je passois les nuits,
Adieu rochers et bois, adieu fleuves et plaines,
Qui saviez de mon cœur les plaisirs et les peines.

(Bergeries, même acte, même scène.)

Ces *adieu* ne sentent point l'accumulation et empruntent un charme particulier à la simplicité des expressions, et surtout à celle du dernier vers, qui laisse reposer l'esprit sur un trait de sentiment.

Le mouvement est plus vif encore et plus marqué dans les vers suivants :

ALCIDOR.

Ces vieux chesnes ridez sçavent combien de fois
Ses plaintes ont troublé le silence des bois,
Lorsqu'en la liberté de leur ombre immortelle
Elle osoit prendre part au mal que j'ay pour elle.
Vivez doncques, forests, vivez doncques toujours,
Pour être le témoin de nos chastes amours.

(Acte III, scène IV.)

Vivez doncques, forests, est un de ces tours tendres et passionnés empruntés à la poésie des anciens, qui deviendront tout français, et dont l'heureuse vivacité ne se perdra pas.

Bien que Racan ait eu peu de beautés d'expression et ne se soit guère élevé au-dessus de la douceur et de la simplicité champêtre, il a cependant quelques traits qui marquent que son style est plutôt timide que réellement faible, et eût pu atteindre jusqu'au genre soutenu avec plus de culture ou dans un meilleur temps.

Il fait dire à un vieux berger :

Et lorsque le soleil, en achevant son tour,
Finissoit mon travail en finissant le jour,
Je trouvois mon foyer couronné de ma race.

(Bergeries, acte v, scène I.)

Le dernier vers est noble et présente une image hardie.
Je ne sais pas même si l'expression *mon foyer couronné de
ma race* n'est pas plutôt une beauté du xvi° siècle que du
style nouveau. Le génie de la langue du xvii° siècle n'admet pas de ces expressions trop brillantes ni trop éloignées
du naturel, qui nuisent à l'ensemble de la diction, en atti-
rant l'esprit sur les détails [1].

On remarque une certaine grandeur dans cette comparaison qui n'a peut-être pas été entièrement inutile à La
Fontaine. Racan a paraphrasé ainsi le passage de Virgile :

> Quæ quantum vertice ad auras
> Ætherias tantum radice in Tartara tendit.

> Tel qu'un chesne puissant dont l'orgueilleuse teste,
> Malgré tous les efforts que luy fait la tempeste,
> Fait admirer nature en son accroissement ;
> Et son tronc vénérable aux campagnes voisines
> Attache dans l'enfer ses secondes racines,
> Et de ses larges bras touche le firmament.
>
> (Ode pour monseigneur duc de Bellegarde.)

Mais il faut dire que ces vers heureux sont rares chez
Racan, et que son style est généralement éloigné de la véritable perfection. Fort inférieur à Malherbe quant à l'élévation et à la pureté, il a encore de nombreuses qualités
essentielles à acquérir, l'élégance, le goût et même la correction grammaticale. La simplicité ne l'a pas toujours

---

[1] Ce n'est là qu'un doute que nous exprimons. Fénelon a dit
non moins hardiment peut-être : « Les fruits *qui couronnent l'année* répandent l'abondance immédiatement avant la saison dont la
rigueur suspend le travail, etc.... » (*Lettres sur divers sujets de
métaphysique et de religion*, chap. i.) Mais on observera que dans
cette page, l'une des plus belles de Fénelon, cette expression est
entourée de traits simples et naïfs qui en font pour ainsi dire pardonner la hardiesse et éloignent toute idée d'affectation.

défendu contre les fadeurs italiennes et *le nerveze* [1]. L'ensemble de son églogue a même quelque chose de gothique qui se sent encore du goût de Ronsard. Les passages où il cherche à imiter les anciens ne trahissent que trop son manque d'étude et de goût [2]. Ses stances :

> Tircis, il faut penser à faire la retraite,

qui sont la seule pièce complète qu'on ait retenue de lui, offrent au milieu de leurs grâces naturelles des prosaïsmes et des trivialités sans nombre.

Quoi qu'il en soit, le style poétique, en passant à un génie d'un ordre inférieur à celui de Malherbe, n'a point perdu de ses qualités nouvelles ; il a continué à s'éloigner du XVIe siècle, il est resté clair et naturel et a même gagné quelque chose du côté de la tendresse et de la simplicité.

Un autre poëte que l'on a coutume de citer après Malherbe, bien qu'il n'ait eu de commun avec lui que le bon sens et la clarté, a fait faire aussi quelques progrès au style poétique, mais dans un autre sens que Malherbe et Racan. Nous remarquerons que les styles commencent déjà à prendre des traits particuliers, et à se distinguer les uns des autres. Les poëtes du siècle précédent avaient paru souvent

---

[1] Mes larmes de mon lit ont fait une rivière.
> (Pastorale, act. I, scène I.)

Il (l'amour) estoit absolu dessus les belles choses,
Son arc au lieu de traits ne tiroit que des roses.
> (Acte III, scène IV.)

[2] Plus je luy fay de bien, plus elle m'est cruelle,
Et ne cueille des fleurs ny des fruits que pour elle.
Lorsque de son logis elle sort le matin,
Je pave son chemin de lavande et de thym.
Sous l'habit d'un berger souvent je me déguise,
J'arrache mes sourcils, je me farde et me frise,
Mais tout ce que je fais ne me profite rien, etc....
> (Acte II, scène I.)

n'avoir tous qu'un même ton , qu'un même langage , et s'étaient, comme l'a dit Pasquier, formés *en flotte*.

Dans une histoire littéraire du xviie siècle, Maynard serait mieux placé peut-être au temps de Richelieu que dans les premières années du siècle. Une de ses pièces les plus connues semble le rattacher au temps de la puissance du ministre[1]. Mais, dans cet essai sur la langue, nous croyons devoir placer ce poëte dans la première période que nous appelons *période de Malherbe*. A l'époque où Richelieu protégeait les lettres, Maynard était déjà sur le retour, il a dû former son style sous Malherbe, et rien n'annonce qu'il en ait changé dans la suite.

Nous avons parlé précédemment d'un certain naturel qui a tourné trop souvent à la bouffonnerie et à la bassesse chez les poëtes du *Parnasse satirique*. Ce naturel a été à la fois perfectionné et poli par Maynard, qui a le premier mis dans le style un peu de la délicatesse nouvelle et une certaine urbanité d'honnête homme.

Citer Boileau à propos de Maynard peut paraître étrange : il est cependant permis de supposer que Boileau lisait Maynard. On remarque une certaine analogie entre ces deux vers d'une épigramme d'ailleurs peu remarquable :

> O qu'un Mécène aujourd'huy
> Pourroit faire de Virgiles[2] !

---

[1] Armand, l'âge affoiblit mes yeux, etc...
. . . .
Mais s'il demande à quel employ
Tu m'as occupé dans le monde,
Et quels bien j'ay reçus de toy ,
Que veux-tu que je lui réponde ?

On se souvient de la réponse du ministre.

[2] *OEuvres de Maynard*, 1646, p. 119.

Et ce vers de Boileau :

Un Auguste aisément peut faire des Virgiles[1].
(Épître 1 au roi.)

Ce rapport est loin sans doute de pouvoir établir une liaison directe entre le style de Maynard et celui de Boileau. Il ne faut voir là qu'un de ces rapprochements fortuits, qu'une pensée commune met parfois dans les expressions de certains auteurs. Pourtant, à la faveur de cette rencontre, nous oserons dire que, dans ses vers trop souvent incorrects et négligés, Maynard a paru deviner quelquefois ce ton de l'enjouement naturel, allié à la raison qui brille au milieu de tant d'autres mérites incomparables dans les satires et les épîtres de Boileau. Cette finesse élégante, qui tient à la fois aux grâces de l'esprit français et aux délicatesses des mœurs, n'a été dans toute sa fleur que sous le règne de Louis XIV, mais elle existait déjà dans la période de formation ; Desyvetaux, Saint-Pavin, Des Barreaux, au milieu de leur libertinage, en ont laissé échapper les premières nuances fugitives.

La plupart des épigrammes de Maynard sont perdues dans les recueils du temps et ne méritent guère d'en être tirées. Quelques-unes offrent cependant des traces d'un goût, sinon plus pur, du moins plus fin que n'était celui de Malherbe[2]. On y remarque certains vers qui sont devenus

[1] On connaît le vers de Martial :

Sint Mæcenates, non deerunt, Flacce, Marones.

Ce vers doit être considéré comme le premier modèle de ceux de Maynard et de Boileau.

[2] Nous ne citerons que cette épigramme qui n'est pas sans doute d'une grande délicatesse, mais qui prouve que le style se dégageait alors entièrement des anciennes formes :

Ma gloire eût volé jusqu'aux cieux,
Sur les chansons que je compose ;

proverbes [1], peu de poëtes depuis Marot avaient obtenu cet honneur ; on peut voir là peut-être un premier signe de retour vers le naturel et le bon sens . Enfin , on a retenu de Maynard ce joli quatrain si souvent cité :

Las d'espérer et de me plaindre, etc.

Mais c'est moins peut-être par ses écrits que Maynard semble se rapprocher un peu du goût de Louis XIV , que par certaines qualités de politesse et de modestie, à peine connues des poëtes de son temps. C'est lui qui le premier a tempéré ce que le style poétique avait eu de trop fier et de trop hautain chez les poëtes de la *Pléiade* et même chez Malherbe. Loin de hausser le ton , Maynard a su l'abaisser au contraire ; il a su montrer un peu de cette humilité poétique, qui n'est le plus souvent qu'un jeu d'esprit et devient par là même une des grâces du style enjoué.

Mais il faut dire aussi que, dans sa modestie, Maynard a

En ce bon temps où nos ayeux
Ne connoissoient ny vers ny prose.

Aujourd'huy mes écrits n'ont rien
Qui mérite qu'on les estime.
Tout le monde connoist trop bien
Le foible et le fort de la rime.

Chastes filles que les savans
Adorent par toute la terre,
Vostre cour a plus de suivans
Que Louys n'a de gens de guerre.

Mon laquay s'est fait mon rival,
Vostre belle fureur l'embraze.
Il rime et quitte mon cheval
Pour peigner le crin de Pegaze.

(Maynard, OEuv., p. 199.)

Malherbe, en cet âge brutal,
Pégaze est un cheval qui porte
Les grands hommes à l'hôpital.

(OEuv., p. 123.)

souvent été sincère, il se censurait lui-même avec franchise, il sentait tout ce qui manquait encore au langage de son siècle, et c'est là sans doute un trait remarquable chez un poëte qui admirait encore Ronsard de bonne foi[1]. L'humilité tenait donc chez Maynard autant à la bonté du jugement qu'aux artifices de la diction poétique[2].

Il n'a eu ni la grandeur de Malherbe, ni les traits agrestes de la muse de Racan et moins qu'eux de ce qui fait le vrai poëte. Mais bien qu'on l'ait blâmé avec raison de

[1] Je ne veux point passer pour bel esprit ni pour homme d'académie, je ne prétends que d'endormir vostre goute par les contes agréables que je vous ferai des belles choses que je lis tous les jours dans Ronsard, Desportes, Malherbe, etc...

(Lettres à Conrart, CXCIV, recueil de Faret)

[2] Gomberville a dit de lui, dans la préface mise en tête de ses œuvres :

« Il a été si mauvais estimateur de soy-mesme qu'il s'est persuadé que ses ouvrages n'étoient pas dignes de la lumière, que leur publication feroit honte à la France, et que sa façon d'écrire n'avoit rien d'assez pompeux ny d'assez noble pour répondre au caractère de la majesté de son siècle. »

Maynard a dit dans une de ses lettres :

« Ne me traitez point d'homme illustre et ne me considérez point comme on considère Messieurs de Balzac, Sillon, Chapelain, Mesnage et les autres grands ornements du siècle. »

(Lettre LXII à monsieur Frémin, chanoine de
Nostre-Dame de Rheims)

Et dans une autre lettre :

« Il n'y a point d'apparence, Monsieur, que le village produise des choses dignes de la curiosité de la cour et qu'un Gascon qui n'a point vu le Louvre depuis la mort de Henry le Grand puisse donner à ses pensées cette belle et régulière expression que la politesse du siècle demande. »

(Lettre XXII à Monsieur de Monmor, conseiller du Roi
en ses conseils, et maistre des requestes.)

s'être plaint trop fréquemment de l'indifférence de Richelieu, il a eu de plus que ses devanciers la politesse , la mesure, enfin un premier commencement des bienséances du
style.

Ainsi, nous avons vu dans les trois poëtes les plus célèbres de cette première période, Malherbe, Racan, Maynard,
le style prendre chez chacun d'eux des caractères distincts,
l'élévation , la douceur et une sorte de familiarité élégante.
Cette diversité est déjà un premier progrès. Ces qualités,
encore divisées maintenant, se mettront d'elles-mêmes en
une harmonie juste et naturelle dans la perfection du
langage.

Enfin, il est un poëte que nous rangerons dans cette première période, bien que ses premiers vers n'aient paru que
plusieurs années après la mort de Malherbe. Mais nous
dirons , pour n'avoir point à le rappeler dans la suite,
que nous devons considérer bien moins la date de la naissance des écrivains que la date même de leur genre de
style. Tel poëte, par son tour d'esprit et son goût, peut être
plus jeune que tel autre qui n'est souvent venu qu'après
lui [1].

Segrais qui a conservé ainsi que Racan une certaine célébrité, grâce aux vers de Boileau, autant peut-être qu'à ses
propres vers, nous semble appartenir par son style et le
genre qu'il a choisi à cette première période d'essai qui
s'est prolongée, pour certains genres, jusqu'aux approches
du siècle de Louis XIV : nous appuierons ce sentiment de
l'autorité de Laharpe [2].

---

[1] Marot, par son tour et par son style, semble avoir écrit depuis
Ronsard.   (La Bruyère, des Ouvrages de l'Esprit.)

[2] Il dit en parlant de Segrais :

« Il faut songer qu'il écrivait avant les maîtres de la poésie française, et n'ayant encore d'autres modèles que Malherbe et Racan;
c'est ce qui rend plus excusables les fautes de sa versification, sou-

Cette douceur exempte d'affectation que Racan a eue le premier, a été conservée par Segrais, qui lui a donné, en lui ôtant peut-être un peu du charme de la naïveté, plus de correction et d'élégance. Il a su, à l'époque de la fadeur [1], conserver la simplicité des muses plus anciennes. Nous pouvons donc déjà remarquer par avance que sous le règne du faux goût et du jargon, le don du naturel se conservera chez certains esprits.

Segrais a plusieurs vers qui semblent être nés dans le beau temps de la langue :

> Les fleurs ne peuvent naître ailleurs que sous vos pas,
> Et le printemps n'est point où l'on ne vous voit pas.
>
> (*Climène*, Ire églogue.)

Les poëtes du temps de Louis XIV ne s'exprimeront point avec plus de naturel ni d'élégance. Ces autres vers ont bien le caractère de négligence et d'abandon qui convient aux sentiments tendres :

> Triste est une beauté pour qui rien ne soupire.
> On languit, on se plaint sous l'amoureux empire,
> Mais n'être point aimée et n'aimer rien aussi,
> Des soucis de la vie est le plus grand souci.
>
> (*Aminthe*, IVe églogue.)

Les Églogues de Segrais contiennent beaucoup d'autres vers heureux dans le genre amoureux ou descriptif, qui ont été cités par Laharpe. Mais il a surtout quelques-unes de ces expressions particulières qui appartiennent tout à fait au

vent lâche et traînante, et qui n'est pas même exempte de ces constructions forcées, de ces latinismes, enfin de ces restes de la rouille gothique qui ne disparut entièrement que dans les vers de Despréaux. (Cours de Litt., IIe partie, liv. Ier, chap. XII.)

---

[1] Ses premières églogues parurent en 1645.

génie de la langue du xviiᵉ siècle, et que nous essaierons de noter à mesure qu'elles se présenteront.

Nous remarquerons l'emploi du mot *faire* dans ces deux vers de la même églogue :

> Que ferois-je sans vous, ô mes doux chalumeaux,
> Au frais délicieux que font ces verts rameaux?

Cette expression *faire du frais* eût passé presque pour une incorrection au xviiiᵉ siècle. On a dit depuis *donner du frais, procurer du frais;* toutes ces locutions-là valent-elles l'ancienne?

Le mot *faire*, tel que l'ont employé parfois nos grands écrivains, est un de ces mots qui peuvent être ou familiers ou sublimes, suivant la place qu'ils occupent. C'est par l'heureux usage des mots les plus simples qui deviennent, par l'emploi qu'on en fait, hardis et singuliers, que notre style français se rapproche des langues antiques. Qui ne connaît ces traits de Bossuet et de Racine?

> « La voilà telle que la mort l'a faite. »

> Je t'aimois inconstant, qu'aurois-je fait fidèle !

Fénelon, l'un des maîtres du style simple, a fait, dans plusieurs passages, le même emploi que Segrais du mot *faire*, dont on pourrait, du reste, trouver des exemples antérieurs à celui que nous avons cité[1].

Segrais n'a eu, non plus que les poëtes qui ont suivi Malherbe, l'élévation, la vivacité des tours, les figures sensibles et frappantes, aucun des grands ornements du style. Il a montré dans ses vers un langage simple, vrai, conforme au ton de l'églogue, il a enfin conservé le style juste et na-

---

[1] Aux deux côtés du jardin paroissoient deux bocages, dont les arbres étoient presque aussi anciens que la terre leur mère, et dont

turel, c'est un mérite, sans doute, mais ce n'est pas tout le style.

A la fin de cette première période, que nous plaçons vers 1628, année de la mort de Malherbe, la langue poétique est déjà presque entièrement réparée quant au passé. Elle a gagné la clarté, le bon sens, une partie de la régularité grammaticale. Mais, malgré Malherbe et les autres poëtes, elle est encore timide dans plus d'une partie, confuse, entachée de prosaïsmes. C'est surtout au style de la poésie de ce temps-là que s'applique ce vers de Saint-Evremond :

> Aujourd'hui prose et vers sont une même chose[1].

Le langage poétique se séparera de lui-même de la prose à mesure qu'il trouvera ses ornements propres. Mais ce n'est pas seulement aux poëtes qu'il les devra, il profitera aussi des tentatives des prosateurs.

les rameaux épais *faisoient une ombre* impénétrable aux rayons du soleil. *(Les Aventures d'Aristonoüs.)*

Et dans *Télémaque* :

« Une fontaine qui couloit dans un coin y *faisoit* un doux murmure qui appeloit le sommeil. » (Livre IV.)

C'est dans ce même esprit de simplicité qui donne tant de naturel et de variété au style que Fénelon a dit :

« Celui-ci *avoit* la crainte des dieux, et l'âme grande mais modérée, etc. » *(Télémaque, liv. XI.)*

Ou bien encore.

« La douce et puissante persuasion *étoit* sur les lèvres de votre père : il parut presque aussi affligé que moi, etc... » *(Télémaque, liv. XII.)*

[1] *Comédie des Académiciens.*

Nous avons déjà dit que, dans cette première époque de débrouillement, les prosateurs et les poëtes ont souvent confondu leur langage. Nous avons donc à examiner maintenant ce qu'était la prose dans la période que nous venons de parcourir.

V.

L'ASTRÉE.

Parmi les premiers prosateurs du XVIIe siècle, il n'est pas d'écrivain qui puisse être opposé à Malherbe pour l'élévation des pensées et la régularité du style; on est donc obligé de rechercher les origines de la prose dans des écrits oubliés depuis longtemps et qui ne peuvent être cités qu'en vue du sujet particulier qui nous occupe,

Honoré d'Urfé, l'auteur de *l'Astrée*, est un des premiers prosateurs du siècle, qui nous paraisse s'être entièrement séparé des formes et des expressions du siècle précédent. Nous ne dirons rien du roman de *l'Astrée*, assez connu par ses défauts et ses longueurs qui en rendent la lecture insoutenable ; nous remarquerons seulement, pour ce qui tient à l'ensemble, que d'Urfé a commencé le premier à mettre, ou, si l'on veut, à renouveler, dans la prose du siècle, ce goût de l'allégorie qui s'est répandu en France avec le second mariage de Henri IV, et a longtemps influé sur les lettres. Le langage des écrits n'est devenu naturellement figuré que sous le règne de Louis XIV ; mais il faut reconnaître que quelques-uns de ses ornements appartiennent à ce goût de l'allégorie de l'époque antérieure.

C'est ainsi qu'on trouve dans les longues pages de *l'Astrée* plusieurs expressions qui seront adoptées par le vrai style de l'éloquence et de la poésie [1].

[1] Nous croyons devoir observer que la plupart des tournures et

Dans cette phrase :

« L'amoureux berger... alla s'asseoir sur le bord de la tortueuse rivière du Lignon, attendant la veüe de sa belle bergère, qui ne tarda guère après lui : *car, éveillée d'un soupçon trop cuisant*, elle n'avoit peu clorre l'œil de toute la nuit, etc.[1] »

L'expression *éveillée d'un soupçon trop cuisant* est une de ces figures élégantes et justes qui deviendront familières à la langue du temps de Louis XIV.

D'Urfé a dû sinon introduire, du moins rendre fréquent dans le style l'emploi du mot *ennui* pris dans le sens de peine de l'âme, rendu si célèbre par le vers de Racine :

Dans l'Orient désert quel devint mon ennui[2] !

des expressions que nous notons dans certains écrits du temps comme des nouveautés sont cependant loin d'être nouvelles, et d'appartenir précisément au xviie siècle. On en peut retrouver le modèle ou l'équivalent dans les siècles antérieurs ou dans l'antiquité. Mais on voudra bien, surtout dans ces premiers détails, nous permettre de citer quelques-uns de ces termes qui sont pour nous comme des traits caractéristiques du style particulier qui nous occupe. Ces termes existaient sans doute au xvie ou même au xve siècle, mais qu'importe leur date ? Le xviie siècle les a particulièrement adoptés, renouvelés, rendus *siens*. On aura donc à voir si ces expressions constituent réellement, pour ainsi dire, quelques-uns *des linéaments* de la langue dont nous recherchons les origines ; nous ne les citons que dans ce dessein-là.

[1] *L'Astrée*, édit. 1630, t. I, 1re part., p. 3.

[2] Une bergère dit : « Si alors *mon ennui* fut grand, jugez-le, seigneur chevalier, puisque tombant malade, je fus réduite à tel terme, que les médecins ne connoissant mon mal en désespérèrent, etc... »　　　　(*L'Astrée*, 1re part., liv. xii.)

« Dis-lui... que *mes ennuis* seront témoins et devant les hommes et devant les dieux que comme elle est la plus belle et la plus infidèle du monde, que je suis aussi le plus fidèle et le plus affectionné qui vive, etc... »　　　　(1re part., liv. iv, p. 250.)

D'Urfé a dit aussi :

Pressé du cruel souvenir de ses peines passées.
(Liv. iv, iiie partie.)

Il a donné un sens figuré au mot de *transport*, qui a été si souvent employé dans le sens de peine ou de joie par les écrivains du bon temps.

On lit dans *l'Astrée* :

« Si vous avez aimé, je ne vous fais point excuse des *transports* de mon affection. » (Liv. ii, ive partie.)

Le mot d'*univers* peut être rangé parmi les expressions favorites de la langue du siècle de Louis XIV. On retrouve sans cesse dans les écrits du temps : « *Le plus grand roi de l'univers, les plus beaux yeux, le plus grand cœur de l'univers*, etc..... » Ce terme passionné remonte jusqu'à d'Urfé :

« Lindamor, cette belle nymphe de qui vous parlez, est digne d'être servie *de tout l'univers*. »
(Liv. ix, i^{re} part., pag. 599.)

« Il (Silvandre) prend la plume, il écrit, et après avoir plié la lettre, met au-dessus : A la plus belle et plus aimée bergère *de l'univers*. » (Liv. iii, iie part., p. 115.)

On a remarqué aussi dans cette même langue l'emploi fréquent du mot *infini*, pour les choses qui ont rapport aux sentiments : *beautés infinies, douceurs infinies*, etc... D'Urfé a dit :

« Thémire me met devant les yeux *une beauté infinie*, me permet de la pratiquer, me commande de l'aimer, etc. »
(Liv. ii, iie part., p. 61.)

On conçoit du reste qu'on ne puisse guère citer du style de d'Urfé que quelques expressions éparses ; ses défauts n'ont pas besoin d'être rappelés ; les définitions interminables , les pointes , les fadeurs déshonorent sa diction. La phrase est cependant plus nette et mieux coupée chez lui que chez les écrivains du même temps. A l'époque où nous sommes , ce qui a rapport à la simple construction de la période est encore loin d'être achevé. Aussi peut-on se demander si le peu de phrases brèves ou justement proportionnées que l'on rencontre dans *l'Astrée* ne tiennent pas plutôt à l'entraînement du récit qu'à l'intention même de l'auteur. Quant aux tournures , d'Urfé n'en contient qu'un très petit nombre de justes et de naturelles , comme tous les écrivains qui se sont perdus dans un sujet trop vaste [1].

Nous remarquerons comme une suite des locutions nouvelles dont nous avons cité quelques exemples , que le style a pris dans le roman de d'Urfé une expression tendre et galante qu'il conservera même sous l'empire du goût le plus parfait. La Fontaine se souvenait sans doute de *l'Astrée* lorsqu'il parlait dans un de ses plus charmants passages :

> De l'aimable et jeune bergère
> Par qui sous le fils de Cythère, etc.[2].

[1] Il n'en est pas cependant absolument dépourvu, le passage suivant en est la preuve ; il contient même un tour vif que l'on regrette de ne pas retrouver plus souvent chez les bons écrivains des époques suivantes :

« Que si nos désirs ne s'étendoient point au delà du discours, de la veüe, et de l'ouïe, pourquoi serions-nous jaloux ? pourquoi dédaignez ? pourquoi douteux ? pourquoi ennemis ? pourquoi trahis ? Et enfin pourquoi cesserions-nous d'aimer et d'être aimez , etc... »

(IIe part., liv. II.)

[2] Nous sera-t-il permis de regretter la perte de ces expressions, *ma bergère, ma beauté, ma princesse*, employées par Racine et La Fontaine, et qui n'ont pas été remplacées dans la langue des passions. Pascal , dans la lettre d'envoi de sa Machine arithmétique a appelé Christine de Suède, *ma reine*. Ce terme de galanterie sorti d'une bouche si grave nous semble mêler une sorte de familiarité heureuse au caractère d'austérité de Pascal.

Il a dit aussi , comme pour rendre hommage à ce vieux maître en fait de galanterie :

Des bergères d'Urfé chacun est idolâtre.
(Épît. xx à monseigneur l'évêque de Soissons.)

D'après ces seuls traits , on peut dire sans doute que les bergères du Lignon n'ont pas été entièrement perdues pour le style.

Remarquons cependant cette différence d'origines entre le langage de la prose et celui de la poésie. En regard des vers de Malherbe , déjà si fermes et si conformes au vrai goût , il faut citer un roman pastoral, sans nœud, sans conduite , qui offre plutôt de faibles symptômes que des traits réels du vrai style ; et cependant il est nécessaire d'observer même ces commencements obscurs de la prose, si l'on veut saisir tous les éléments de formation de cette langue si diverse et si complexe sous son apparente simplicité.

Mais au fond de cette influence de la galanterie qui a été commencée par *l'Astrée* et s'est continuée par tant d'autres écrits du siècle, il y eut un principe caché que nous devons essayer de marquer dès à présent , car il tient à l'essence même du style, et peut seul expliquer plusieurs de ses qualités fondamentales.

Si l'on écrivait une histoire particulière des mœurs et des goûts de cette grande époque , on aurait à noter de bien frappantes contradictions entre plusieurs faits qui , bien qu'opposés en apparence n'ont pas laissé d'agir conjointement. On verrait la piété se concilier comme par un accord naturel avec une pente marquée à la dissipation , aux plaisirs , et même au relâchement des mœurs , qui n'a jamais cessé d'exister non-seulement sous les régences de Marie de Médicis et d'Anne d'Autriche , mais aussi dans les belles années de Louis XIV ; on verrait comment dans ce siècle heureux l'esprit de cour se trouvait être aussi l'esprit de la religion ; comment la chaire savait conseiller, avertir, sans presque effaroucher, et faire succéder sans secousse les austérités du cloître à toutes les dissipations du monde. L'étiquette a caché sous sa régularité extérieure bien des choses qui doivent sembler singulières, inexplicables même, à moins de reprendre un à un les faits divers qui ont composé l'ensemble de ce grand siècle.

Mais au milieu de cette diversité des mœurs, on aurait à noter surtout l'influence constante d'un principe qui a été un des signes particuliers du caractère du temps. *La délicatesse*, ce mot créé [1] par la langue du siècle, a pu souvent être pris pour l'expression propre de ses penchants et de ses mœurs ; même parmi les désordres de la galanterie, les irrégularités de la cour, les écoles de sensualité ou d'athéisme qui ont été souvent tenues presque ouvertement, les mœurs n'ont jamais cessé d'être nobles et délicates. On a vu à toutes les vivacités des plaisirs, aux plus grands emportemens des passions se mêler toujours quelque chose de l'âme.

Attribuer cet empire de la délicatesse seulement aux conventions du temps et aux règles de l'étiquette n'est point aller jusqu'au fond des choses. Il y eut là un penchant dominant qu'il faut reconnaître. Pourrons-nous sans nous écarter de l'esprit tout littéraire de cet essai remarquer qu'il y eut dans les mœurs et les inclinations du xviie siècle un principe d'*idéalisme* dont on a les témoignages dans la constance de certaines passions qui tiennent aux événements de l'histoire, les savantes peintures des mouvements de l'ame, qui ont été l'art des plus grands poëtes, le règne presque absolu des femmes, la pente de quelques grands esprits au mysticisme, et tant d'autres faits que l'on pourrait marquer ?

[1] Nous répéterons notre observation précédente : *créé*, est employé ici pour reproduit, renouvelé, mis, pour ainsi dire dans le courant des écrits.

Ce principe nous semble s'être étendu jusqu'au fond même du langage, il l'a constamment animé et comme éclairé intérieurement. C'est là une nuance qui touche au raffinement, mais que nous ne devons pas craindre d'indiquer dans un écrit d'analyse toute pure. On ne peut nier qu'au milieu de son incomparable netteté, le langage du xvii⁰ siècle n'ait eu cependant quelque chose qui échappe aux règles ordinaires du raisonnement. Dans La Fontaine, Racine, Fénelon, Mme de Sévigné, on rencontre de ces traits inattendus et presque indéfinissables qui produisent dans l'esprit une sorte de transport, de ravissement inattendu, et qui le touchent non moins vivement que d'autres beautés plus sensibles.

Nous verrons ce principe nuire longtemps au style ; le langage en revêtant des formes par trop insaisissables se perdra souvent dans les fadeurs du bel esprit ; mais ramené au naturel par les lumières du bon sens, il conservera toujours ce quelque chose d'immatériel, un des caractères de la belle langue du xvii⁰ siècle que n'eut point celle du siècle précédent [1].

C'est dans *l'Astrée* ou plutôt dans les sentiments qui ont régné à l'époque où ce roman parut, qu'il faut rechercher les premières nuances de cet idéalisme, qui a commencé à mettre un élément nouveau dans la langue. Cette vie des bords du Lignon, ces définitions toutes nouvelles alors de la beauté, du dévouement, de l'amour, de l'honneur [2], ont répandu dans le style une expression de tendresse et de galanterie qui profitera, une fois dégagée des fadeurs, plus encore à la poésie qu'à la prose.

[1] Il faut excepter Montaigne, qui a connu la plupart des délicatesses du style; mais Montaigne doit être mis à part lorsqu'il s'agit du style du xvi⁰ siècle.

[2] « Et qu'est-ce que l'honneur, me dit-elle? C'est une opinion, répliquay-je, que nous avons de nous et de notre courage. Et l'amour, c'est un désir de posséder quelque chose de grand et de

Mais ce principe n'est point seulement marqué dans *l'Astrée* par certains termes passionnés , il a trouvé aussi son témoignage dans l'érudition de l'auteur. D'Urfé, qui passait de son temps pour très-savant [1], a souvent imité les anciens, presque toujours en les défigurant , suivant le goût du siècle. Mais n'est-ce point un fait digne de remarque que parmi les anciens, d'Urfé se soit surtout attaché à imiter Platon , et qu'il ait reproduit dans plusieurs définitions de *l'Astrée* les idées de quelques-uns de ces immortels dialogues ? Ces emprunts n'ont point été notés, car on ne lisait guère Platon à l'époque de la vogue de *l'Astrée*. Nous sera-t-il permis de donner un exemple de ces imitations qui sont d'une certaine importance quant au principe que nous cherchons à noter?

On voudra bien ne chercher dans les citations suivantes, qui n'ont rien de bien intéressant dans les détails, que la preuve d'un fait qui peut jeter de la lumière sur le caractère général du style.

Cette dissertation sur la beauté est la suite d'un entretien entre un jeune berger amoureux et un vieux druide qui remplit près de lui l'office de conseiller :

« Mais, mon père, c'est une chose étrange, et que je ne puis assez admirer, que ce que vous me dites de cette beauté : puisque

mérité. Et c'est pourquoi, Madame , je ne ferois jamais difficulté de mourir en une généreuse action née en vous faisant service, en la première pour la gloire qui m'en demeureroit , en la seconde, pour l'affection que je vous porte. »   (IIe part., liv. XII.)

[1] « Pour moi, j'ai toujours jugé que l'érudition dont M. d'Urfé a embelli son *Astrée*, faisoit une très-considérable partie du mérite de l'ouvrage, par l'adroite variété de l'utile et de l'agréable qui le met si fort au-dessus des romans vulgaires , uniquement renfermés dans les bornes de la galanterie. »
(Lettre de Huet à mademoiselle Scudéry sur Honoré d'Urfé.
— *Dissert. de l'abbé Tilladet,* tome Ier.)

selon votre discours, il faudroit avouer qu'il y en a d'autres beaucoup plus parfaites que celles de ma maîtresse : ce que je ne puis croire sans l'offenser infiniment. Car, s'il étoit vrai, il faudroit de même dire, que la sienne ne seroit pas accomplie, puisqu'on ne doit tenir pour telle la beauté, ce qui est un crime, ce me semble, de lèze-majesté soit contre ma maîtresse, soit contre l'amour. Il ouït alors que le druide lui répondoit : Mon enfant, vous ne devez nullement douter de ce que je vous dis, ni le croyant craindre d'offenser sa beauté ni votre amour, et je m'assure que je le vous ferai entendre en peu de mots. Il faut donc que vous sachiez, que toute beauté procède de cette souveraine bonté que nous appelons Dieu, et que c'est un rayon qui s'élance de lui sur toutes les choses créées. Et comme le soleil que nous voyons éclaire l'air, l'eau et la terre d'un même rayon, ce soleil éternel embellit aussi l'entendement angélique, l'âme raisonnable et la matière ; mais comme la clarté du soleil paroît plus belle en l'air qu'en l'eau, et en l'eau qu'en la terre, de même celle de Dieu est bien plus belle en l'entendement angélique, qu'en l'âme raisonnable, et en l'âme qu'en la matière. Aussi disons-nous qu'au premier il a mis les idées, au second les raisons et au dernier les formes. Les entendements angéliques sont les pures intelligences qui, par la veüe qu'elles ont de cette souveraine beauté, sont embellies des idées de toutes choses : l'âme raisonnable est celle par qui les hommes sont différents des brutes, et c'est elle-même qui par le discours nous fait parvenir à la connoissance des choses, et qui, à cette occasion, s'appêlle raisonnable. La matière est ce qui tombe sous les sens, qui s'embellit par les diverses formes qu'on lui donne, et par-là vous pouvez juger que celle que vous aimez peut bien avoir en perfection les deux dernières beautés que nous nommons corporelle et raisonnable, et que toutefois nous pouvons dire, sans l'offenser, qu'il y en a d'autres plus grandes que la sienne. Ce que vous entendrez mieux par la comparaison des vases pleins d'eau : car, tout ainsi que les grands en contiennent davantage que les petits, et que les petits ne laissent d'être aussi pleins que les plus grands : de même faut-il dire des choses capables de recevoir la beauté ; car il y a des substances qui, pour leur perfection, en doivent recevoir, selon leur nature, beaucoup plus que d'autres qui toutefois ne se peuvent dire imparfaites, ayant autant de perfection qu'elles en peuvent recevoir, et c'est de celles-ci que sera votre maîtresse, que sans offense vous pouvez dire parfaite, et avouer moindre que ces pures intelligences dont je vous ai parlé. Que si toutefois vous ne vous laissiez emporter aux folles actions de la jeunesse imprudente, faisant peu de cas de cette beauté que vous voyez en son visage, vous mettriez toute votre affection en celle de son esprit, qui vous rendroit aussi content et satisfait que l'autre jusques ici vous a donné d'occasions d'ennui, et peut-être de désespoir. »   (Liv. ii, iie part.)

Nous citerons cette autre définition de l'amour, qui ne laissera pas de doute sur les idées et les sentiments que d'Urfé a répandus dans son roman :

« Mais, ô grande Nymphe! combien y a-t-il de différence de ces amours que les yeux nourrissent à celles que l'entendement conduit? Autant sans doute que l'âme est plus capable d'aimer que le corps, et autant que l'entendement a plus de connoissance que les yeux. Et toutefois, d'autant que ceux-là même ne peuvent pas être toujours auprès de celles qu'ils aiment, il faut qu'éloignés d'elles et en leur particulier, ils entretiennent ces images, que par leurs yeux l'amour leur a mises en la fantaisie. Que si on leur demandoit si cet éloignement a diminué leur affection, je m'assure qu'il n'y a celui qui ne confessât qu'elle s'en est augmentée, et que c'est un accroissement de désir, et non pas une diminution : et de fait avec quelle violence et avec quel transport les reviennent-ils voir? Il est tel, Madame, que bien qu'avant que de s'être séparés, ils eussent juré que leur amour étoit parvenue au suprême degré d'aimer, et que rien ne pouvoit être ajouté à la grandeur de leur affection : maintenant la connoissant si fort accrüe, ils en font un jugement bien différent, et leur semble qu'autrefois ils ont fait un grand outrage à celles qu'ils ont aimées, de les avoir auparavant si peu aimées tant cette briève absence augmente l'amour par la contemplation de la beauté. »   (Liv. ier, iie part.)

On trouve dans *l'Astrée* un grand nombre de passages

conçus dans le même esprit ; mais en ne considérant que la date de ces pages[1], et le fait qu'elles contiennent, il est remarquable sans doute que des traces de *platonisme* se soient trouvées mêlées aux premiers essais de la prose du XVIIe siècle. Dans ce choix particulier d'un écrivain, ne peut-on pas voir comme un signe précurseur du principe souverain qui a marqué les premiers essais du langage, et a en même temps influé sur les penchants de tout le siècle ?

Mais, n'insistons pas trop sur ce fait et gardons-nous surtout de donner à *l'Astrée* la moindre importance philosophique. Il s'agit ici du langage, et rien que du langage ; on conçoit qu'il y ait des points que nous ne devions faire que considérer dans leurs effets, pour ne point perdre de vue les lois particulières du style.

Bornons-nous donc à dire, qu'avec *l'Astrée* la prose a déjà trouvé certaines figures brillantes, des expressions neuves et délicates, et que l'auteur a imité dans son style quelques-unes des idées de Platon.

[1] Le premier volume de *l'Astrée* parut en 1610.

VI.

Dans la période d'accroissement, qui comprend la première moitié du siècle, le style n'a pas toujours suivi dans son cours une marche régulière : souvent, après avoir fait quelques pas en avant, il a comme rétrogradé pour revenir à certains points laissés en arrière. Nous devons noter toute cette suite de tâtonnements et d'essais, et ne rien omettre de ce qu'il y a pu avoir d'arbitraire, et souvent même de contradictoire dans sa formation.

Ainsi, à peine avons-nous marqué l'influence de la galanterie de d'Urfé, qui se prolongera jusqu'aux belles années de la langue, qu'il faut nous élever en quelque sorte contre cette influence plus pernicieuse qu'utile peut-être quant au goût présent. En effet, ces expressions de tendresse et de galanterie que nous n'avons pas craint de reporter aux sources même de l'idéalisme, tiennent plutôt aux raffinements qu'aux nécessités du style. La prose du XVIIe siècle se trouve dès son premier débrouillement déjà molle et doucereuse, avant d'avoir acquis les ressorts essentiels, la précision, la régularité, le bon sens. Elle n'a encore que certaines qualités hâtives dont il lui faudra se défaire dans la période de correction, pour ne les reprendre que lors de son entier achèvement.

L'Astrée dans ses effets immédiats a donc plutôt nui que profité aux progrès de la langue. Ce roman a fait éclore ces écrivains à la fois galants et gothiques, si inférieurs aux prosateurs du XVIe siècle. Il a gâté la théologie [1], mis partout le goût de la pastorale; il a affadi la langue avant qu'elle fût formée. Cette fadeur ne subsistera pas, elle se transformera en douceur et en délicatesse, mais seulement dans la perfection du style. Dans la période d'accroissement, elle a failli étouffer les qualités de la justesse et du naturel à peine nées. Cependant, même au temps de la grande vogue de *l'Astrée*, la prose n'a pas été tout entière dans l'affectation.

On a coutume de citer Guillaume Duvair parmi les premiers prosateurs raisonnables du commencement du XVIIe siècle. Duvair a en effet, laissé entrevoir dans son traité sur l'éloquence [2], qu'il sentait ce qui manquait au style de son temps. Mais, il n'a guère fait qu'indiquer cette opinion; son traité n'est qu'une dissertation assez commune sur les effets généraux de l'éloquence : sauf un peu plus de précision et de clarté dans la phrase, il est écrit encore dans le goût du siècle précédent.

Nous ferons cette remarque pour plusieurs écrivains de cette période, entre autres pour saint François de Sales, qu'on lit encore quelquefois. Certains prosateurs du commencement du XVIIe siècle, laissent flotter dans leur style la plupart des formes du XVIe. Souvent on goûte en eux, comme des nouveautés, des traits de familiarité, des saillies vigoureuses, des comparaisons longues et fleuries que l'on croit être de leur propre fonds, sans songer qu'on est encore dans le pays de Montaigne.

Les premiers accents d'éloquence nouvelle que le XVIIe siècle ait fait entendre sont partis de la chaire chrétienne.

[1] On sait que Camus, évêque du Bellei, a composé au commencement du XVIIe siècle des romans théologiques dans lesquels la religion chrétienne emprunte le langage des héros de d'Urfé.

[2] Publié en 1614; il n'est que de quelques pages, et se trouve dans les *OEuvres complètes de Du Vair*, Paris, 1641, in-fol.

Nous notons ce point avec d'autant plus de soin que nous n'avons que peu de place à donner dans la première partie de cet essai, aux sermons et aux autres écrits théologiques, qui n'ont eu qu'un effet presque insensible sur la progression du langage. N'ayant ici d'autre objet que les particularités du style, il nous sera permis sans doute de considérer la théologie et la chaire comme d'autres genres littéraires, et de n'y voir que ce qui intéresse l'éloquence ; ce qui touche au dogme et à la morale étant d'avance mis de côté.

Un prédicateur bien ignoré aujourd'hui et sur le nom duquel on n'est même pas bien d'accord [1], a prononcé en 1610 l'oraison funèbre de Henri IV. Ce discours, qui mériterait peut-être d'être mieux connu, peut donner l'idée de ce qu'était l'éloquence religieuse au commencement du xvii° siècle.

On sait ce qu'était la chaire dans le siècle précédent ; il suffit de nommer les Ménot, les André, les Maillart, pour rappeler tout ce qu'elle eut d'extravagant et d'outré. Cospéan est un des premiers sermonnaires qui aient fait entendre dans la chaire un langage honnête et régulier. Il a même eu certains traits d'éloquence vraiment surprenants, si on les rapproche du style de cette époque. Nous entrerons dans quelques détails sur cette pièce d'éloquence ancienne.

Nous remarquerons d'abord que Cospéan a peu de termes surannés [2], tandis que les autres sermonnaires du même

---

[1] « Nous avons sous le nom de M. de Cospéan, que plusieurs imprimés de son temps nomment aussi *Cospéau,* un Propre de l'an 1622, etc... »   (*Dict. de Moreri,* art. Cospéan, édit. 1759.)

[2] Le mot *semondent* est presque le seul que nous ayons remarqué.

« Les raisons d'état, l'ambition et la grandeur humaine *semondent* le roy de ne l'oublier pas, etc. »

(Oraison funèbre prononcée aux obsèques de Henry le Grand, par Philippe Cospéan, 1610.)

temps sont encore hérissés de latinismes. Il a même rencontré quelques-unes des expressions du vrai langage. Cospéan doit être un des premiers écrivains qui ait fait sentir le mérite particulier du mot *revêtu* dans le sens figuré, dont l'usage a été si élégant sous le règne de Louis XIV [1].

Mais nous noterons surtout dans cette oraison funèbre, la hardiesse et la liberté de plusieurs tournures qui ont paru dans un temps où la prose presque tout entière avait encore conservé l'enchevêtrement de l'ancienne période.

Voici le commencement de cette oraison funèbre.

« Non, non, Messieurs, ne le pensez pas, ce n'est point pour louer sa vie que je me présente en ce lieu, mais pour pleurer sa mort ; non pour célébrer ses conquêtes, mais pour plaindre notre perte ; non pour chanter ses triomphes, mais pour dire en gémissant ces tristes paroles :

Cedidit corona capitis nostri ; væ nobis quia peccavimus.

La couronne de nostre teste est tombée, malheur à nous parce que nous avons péché. »

Il faut rapprocher la simplicité de ce début, des sermons du même temps, qui pour la plupart commencent par quelque allégorie incohérente et démesurée, ou par un entassement de citations pillées au hasard dans les auteurs sacrés et profanes.

Plus loin, l'orateur invoque la France, et par une prosopopée aussi hardie que pathétique, il la fait parler elle-même sur le corps du roi.

« Je l'aimois, dit-elle, comme je le regrette, je le regrette jusques à la mort : et le voyant porter en terre, je ressens les

---

[1] « Dieu est descendu lui-même... *revestu* de douceur, d'humilité, de paix, pour montrer que la concorde lui étoit sans comparaison plus propre que la guerre. » (Pag. 18.)

mêmes pointes qui me perceroient le cœur, si l'on m'y portoit toute vive, avec tout ce qui me reste d'enfants. Quelle différence, ô bon Dieu! Les autres mères font sortir leurs enfants de leur sein pour leur donner la naissance et la vie. Toi, pauvre France, tu reçois aujourd'hui le plus cher de tes fils, le plus grand de tous les rois, tout froid et mort dans tes entrailles. Quand on aime, c'est signe que l'on croit être aimé; et la vraie marque d'avoir honoré le vivant, c'est regretter le mort [1]. Y eut-il donc jamais regret semblable aux plaintes et aux cris qui se sont entendus partout pour le trépas de ce père des François? J'eus le malheur d'être à Paris quand les furies lancèrent le détestable coup : j'en appris la nouvelle, non par le récit d'aucun homme, mais par l'effroi et l'image de la mort, que je voyois empreinte dans la face de tout le monde; par les mains élevées vers les cieux, puis retombant durement et à grands coups sur les poitrines de tous ceux que je regardois, par un bruit lamentable et confus du peuple demi-mort, qui me faisoit assez entendre, quoiqu'en paroles non entendues, que c'étoit à ce coup que le plus grand honneur de France et la vraie lumière de ses yeux étoit éteinte. Depuis, quelle ville, quel temple, quelle place publique, mais quelle maison ou quel coin avons-nous en ce royaume, où l'on n'ait reconnu tous les regrets qu'une épouse rend à son époux qu'on vient d'assassiner entre ses bras, ou la mère à son fils unique? etc. [2] »

Parmi les beautés réelles contenues dans ce passage, que déparent à peine plusieurs traits surannés, nous noterons surtout la variété des tournures et le mouvement général du style.

En finissant, Cospéan, après avoir rappelé les victoires du roi, s'écrie :

« Seigneur tout-puissant, quelle différence! Est-il possible que ce soit là celui qui tonnoit à Yvry! Faut-il que le prince que nous avons vu depuis deux mois, mettre d'une main triomphante sur

[1] On notera cette transition, qui pour être un peu grossière n'en est pas moins remarquable pour le temps.

[2] Page 42 et suiv.

la tête de son épouse le plus noble diadème de tout l'univers, ne soit maintenant qu'un peu de cendres! O monde! ô vanité! ô douleur[1]! »

A ces dernières exclamations, on ne peut se défendre de songer à Bossuet, et n'est-ce pas une grande gloire pour un prédicateur de 1610 d'avoir rappelé même dans un seul trait le maître de l'éloquence? Mais, hâtons-nous de le dire, il ne faut considérer ces traits d'élévation, ces mouvements hardis et pathétiques que comme des qualités éparses et fortuites qui n'appartiendront pas en propre à la langue, tant qu'elle n'aura pas achevé en grande partie de se régulariser. Elle ne saurait céder à l'entraînement de l'éloquence, tant que la réforme grammaticale n'est pas faite. Peut-on nommer Bossuet quand Vaugelas n'est pas encore venu?

Pour se convaincre que le ton général de la prose était fort éloigné du langage de Cospéan, il ne faut que lire au hasard les autres sermonnaires de cette période.

La chaire, au commencement du XVIIe siècle, en bannissant les bouffonneries n'en était pas moins restée plongée dans le mauvais goût. Les latinismes, les trivialités, les métaphores interminables, tous les défauts du vieux style joints à la fadeur du goût présent, se retrouvent dans la plupart des sermons de saint François de Sales [2]. Que sera-

---

[1] Page 68.

[2] Cette citation suffira pour montrer ce qu'était alors le goût de la chaire :

« Notre Seigneur et Ministre est ce grand prêtre éternel sur lequel a été répandu cet onguent précieux et incomparablement odoriférant de la dilection de Dieu et du prochain, et nous autres qui sommes comme ses cheveux ou comme autant de poils de sa barbe, devons participer à cet onguent sacré, ou bien nous pouvons dire que les apôtres ont été comme la barbe de N. S. qui est notre chef, et duquel nous sommes les membres, d'autant qu'ils furent comme attachés à lui, voyant ses exemples et ses œuvres, recevant ses divins enseignements immédiatement de sa bouche sacrée : mais nous

ce donc si l'on descend jusqu'aux homélies de Camus, évêque de Belley, qui a enchéri encore sur le galimatias du
temps par une confusion de paganisme et de mysticisme
chrétien ? Les autres écrits théologiques n'ont guère moins
de défauts que la chaire.

Le traité *de l'Amour de Dieu*, de saint François de Sales,
qu'on lit encore quelquefois, n'est point écrit d'un meilleur
style que ses sermons. Les vers, ou plutôt les lignes rimées
qu'il a mêlées à quelques-uns de ses chapitres, prouvent
assez l'état de barbarie où se trouvait encore le langage
théologique, qui n'avait pris part en rien à la réforme de
Malherbe.

Lorsqu'on lit ces traités et ces homélies après l'oraison
funèbre que nous venons de citer, et qui les a précédés de
plusieurs années, il semble que le style ait rétrogradé ;
mais il faut dire plutôt qu'il n'a point fait de progrès réels
tant qu'il n'est pas entré dans la voie de la régularité et de la
correction. Ces lueurs d'éloquence précoce ont été étouffées
par le mauvais goût du temps.

Le style de la chaire a cependant eu sa réforme, qui date
du commencement du siècle ; mais ses progrès ont été longtemps presque insensibles. On peut rattacher cette première
réforme à celle des communautés et à la fondation de l'Oratoire, qui date aussi des premières années du siècle. [1] Les
mœurs religieuses, en bannissant le relâchement, commu-

autres n'avons pas eu cet honneur, mais ce que nous savons nous
l'avons appris des apôtres. C'est pourquoi l'on peut dire que nous
sommes comme les vêtements de notre grand prêtre, notre sau-
veur et maître, sur lesquels néanmoins découle encore cet onguent
précieux de la très-sainte dilection qu'il nous a tant recommandée,
et qu'il nous a encore particulièrement exprimée par son saint
apôtre, etc.

(Sermon de saint François de Sales, in-4°, 1643, p. 168.)

[1] Port-Royal fut réformé en 1608 ; le cardinal de Bérulle fonda
la congrégation de l'Oratoire en 1611.

4

niquèrent un goût nouveau de justesse, de régularité au langage de la chaire. Les congrégations soumises à une règle fixe prirent par degrés le goût des bonnes lectures, des études saines, et finirent par admettre dans leurs écrits un style plus raisonnable.

Mais en se réformant, la chaire perdit la marche libre et hardie qu'elle avait prise à son début. Les mouvements heureux que nous avons marqués dans l'oraison funèbre de Henri IV ne se retrouvent plus chez les premiers prédicateurs de l'Oratoire, [1] ni même chez les sermonnaires d'une époque plus avancée, les Senault, les Le Boux, les Hubert, les Soanen. L'éloquence religieuse devint progressivement pure, correcte, mais elle ne prit son sublime essor que du temps même de Louis XIV.

Le style du barreau a suivi une marche à peu près conforme à celle de la chaire ; il a aussi marqué son origine par un morceau d'une éloquence forte et animée. Mais ce premier effort n'a pas suffi pour dissiper le mauvais goût ; le langage judiciaire a dû aussi s'épurer lentement et par degrés après ce premier jet d'éloquence.

Le plaidoyer d'Antoine Arnauld prononcé en faveur de l'Université contre les jésuites, date des dernières années du XVIᵉ siècle [2], mais il peut être rapporté au langage du XVIIᵉ, dont il a déjà la plupart des formes. Au milieu des défauts du temps, les trivialités, l'enflure et l'intempérance dans la citation, on y découvre des beautés réelles. Nous citerons la péroraison tout entière, et l'on nous pardonnera de citer sans l'abréger ce fragment de notre vieille éloquence. Mais ces citations marqueront mieux que tout ce

---

[1] « Ce ne fut guère que du temps de Coeffeteau et de Balzac, que quelques prédicateurs osèrent parler raisonnablement mais ennuyeusement. »

(Voltaire ; Lettre au duc de La Vallière sur Urceus Codrus.
— *Mélanges littéraires*, t. II.)

[2] 1594.

que nous pourrions dire ce qu'était l'éloquence au commencement du XVIIe siècle, ce qu'elle eut à faire pour se réformer, et ce qu'elle reprit dans son beau temps parmi les premiers traits de son origine.

Après de vives interpellations adressées à la France, à l'Espagne, à l'Église, Arnauld termine ainsi son plaidoyer, qui est tout entier en défis et en invectives :

« Sire, c'est trop patienter, c'est trop endurer ces traîtres, ces assassins au milieu de votre royaume, la gloire de Votre Majesté a donné jusques aux empires de la terre les plus éloignés : on ne parle plus que de vos victoires et de vos conquêtes, et le surnom de Grand vous est acquis pour jamais, et consacré à l'immortalité. Vos faits d'armes admirables vous ont rempli les mains de palmes, foulant sous le pied de votre autorité la témérité, la déloyauté et les dépouilles de tous vos ennemis. Mais, Sire, vous n'êtes pas au monde pour vous seul : considérez, s'il vous plaît, combien la gloire de votre nom seroit affaiblie, si on lisoit dans les histoires, que faute d'avoir étouffé ces serpents, au moins de les avoir chassés hors de votre royauté, ils vous eussent enfin perdu, et après vous tous vos pauvres sujets. Sire, vous avez affaire à un ennemi patient et opiniâtre, qui ne quittera jamais qu'avec la vie ses espérances et ses desseins sur votre état. Tous ses autres artifices ont failli, et se sont trouvés faibles : il ne lui reste plus que son dernier remède, qui est de vous faire assassiner par ses jésuites, puisqu'il ne peut autrement arrêter le cours de votre bonne fortune. Il patientera, il dissimulera, mais il visera toujours à son but, et tant que ses colonies de Jésuites seront en France, où ses avis et ses paquets se reçoivent, où ses meurtriers sont exhortés, confessés, communiés, encouragés, rien ne lui sera impossible. Sire, si votre générosité ne vous permet de craindre pour votre personne, au moins appréhendez pour vos serviteurs : ils ont abandonné femmes, enfants, biens, maisons, commodités pour suivre votre fortune ; les autres, demeurés dans les grandes villes, se sont exposés à la bourrelerie des Seize pour vous ouvrir les portes. Et maintenant, Sire, n'aurez-vous point soin de votre vie, pour conserver la leur qui y est inséparablement attachée? N'aurez-vous point pitié de tant de femmes, de tant de pauvres enfants qui demeureroient à jamais esclaves de l'insolence et cruauté espagnole? Sire, il reste assez d'ennemis découverts à combattre en France, en Flandre et en Espagne, défendez vos côtés de ces assassins domestiques; pourvu que vous les éloigniez, nous ne craignons point tout le reste. L'Espagnol ne peut parvenir à notre servitude qu'au travers de votre sang : les Jésuites, ses créatures, n'auront jamais repos en France qu'ils ne l'ayent répandu. Jusques ici le soin de vos fidèles serviteurs a empêché leurs parricides; mais, Sire, si on les laisse parmi nous, ils pourront toujours vous envoyer des meurtriers qu'ils confesseront, qu'ils communieront comme Barrière, et nous, Sire, ne pourrons pas toujours veiller. Il est impossible que ceux qui tentent si souvent une même chose, ne rencontrent à la fin. Leur esprit tout ensanglanté de la mort du feu roi, l'assassinat duquel fut projetté et résolu dans leur collége, et de l'attentat tout manifeste sur votre vie, ne se donne repos ni jour ni nuit. Ains va toujours rêvant, toujours tournant, toujours travaillant, pour parvenir à ce dernier point, qui est le comble de tous les souhaits et de tous les désirs des Jésuites. Sire, les considérations que ceux qui n'appréhendent nullement votre mort vous représentent au contraire, sont autant de trahisons toutes claires et toutes manifestes. Lorsque vous aurez assuré votre vie, lorsque vous aurez assuré l'état de tant de grandes et puissantes villes, en exterminant le conseil public que vos ennemis y ont encore dedans, par le moyen des Jésuites, alors on vous redoutera de là les monts; et alors, Sire, on vous portera l'honneur et le respect qui est dû au premier roi de l'Europe, au roi qui a sur sa tête la couronne de gloire et de liberté, au plus grand roi de tous les peuples baptisés. Mais tant qu'on aura espérance de vous perdre avec tous les François, par les menées, les artifices et les confessions des Jésuites, on vous fera les indignités que jamais roi de France n'a encore endurées.

« Sire, vous êtes les fils aînés de la plus noble, plus auguste et plus ancienne maison qui soit sur la face de la terre : tout le cours de vos ans ne sont que trophées, que triomphes, que lauriers, que victoires que vous avez remportées de tous ceux qui ont eu l'audace de vous attendre ; toutes les prophéties vous appellent à la seigneurie du monde, et maintenant qui sont ces gens icy, qui sont ces traistres, qui sont ces bastards de la France qui vous veulent mettre en l'esprit des craintes d'offenser l'estranger, afin que vous reteniez ces meurtriers, qui ont entreprise continuelle sur votre vie ? Sire, les rois de France ont accoutumé de donner la loy, et non de la prendre. Le grand Dieu des batailles qui vous a conduit par la main jusques au lieu où vous estes, vous réserve à des choses encore infinies fois plus grandes ; mais, Sire, ne mesprisez point les advertissements qu'il vous donne, et chassez, avec ces assassins Jésuites, tous ceux qui bâtissant leur fortune sur votre tombeau, entreprendront de les retenir en votre royaume. »

(Plaidoyé d'Antoine Arnauld, avocat au Parlement de Paris, contre les Jésuites. — 1716, p. 128, et. suiv.)

Nous n'entrerons point dans l'examen détaillé de cette péroraison. Chacun, sans s'arrêter à certaines taches, sentira les traits de vigueur et de noble impétuosité qu'elle renferme. Nous insisterons seulement, comme pour le discours de Cospéan, sur la hardiesse des mouvements. Ainsi, au commencement du xviie siècle, l'éloquence judiciaire était, comme celle de la chaire, forte, ardente, emportée, mais seulement dans certains morceaux de choix : comme la chaire aussi, son langage ordinaire était encore livré à tous les excès du mauvais goût.

On peut dire qu'Antoine Arnauld n'avait transmis ses heureuses qualités à aucun des avocats de son temps ; la plupart des plaidoyers du même temps ne sont qu'un composé de traits emphatiques ou de citations indigestes.

Cette fureur de citer, vainement attaquée dès le xvie siècle par le fin et judicieux Pasquier [1], continuait à régner sur

---

[1] « Je ne sçay comment s'est insinué entre nous ce nouveau genre d'éloquence, par lequel il faut non-seulement que nous nommions les autheurs, dont nous empruntons nos embellissements, mais

l'éloquence. Claude Expilly, qui est presque le seul avocat de ce temps-là dont on ait retenu le nom, semble avoir plaidé un demi-siècle avant Antoine Arnauld, et cependant ses plaidoyers sont datés de 1604 ou 1605. On y trouve encore un modèle de *cause grasse*; c'est dire assez ce qu'était alors l'éloquence du barreau.

Nous n'essaierons pas d'observer dans cette première période la marche progressive du style judiciaire; il faut passer presque d'un seul coup de ces premiers avocats barbares à Le Maître et à Patru, qui ont enfin prêté au barreau un langage pur et raisonnable; mais ils appartiennent à la période suivante, et leurs plaidoyers tiennent plutôt au progrès général du style qu'à l'éloquence même. Nous remarquerons toutefois que l'éloquence judiciaire n'a tenu qu'une place secondaire dans les lettres du XVIIe siècle; ce n'est que vers la fin du siècle qu'elle a brillé d'un certain éclat.

D'après ce peu d'écrits que nous venons de citer, on peut remarquer que dans cette première période, où la poésie avait déjà fait d'heureux et nobles efforts, la prose n'avait point encore de base fixe et certaine. Nous ne la suivrons pas dans toutes les formes vagues et confuses qu'elle a revêtues : le théâtre, le barreau, la chaire, les romans, la théologie, l'histoire, tous les genres étaient encore dans le

qui plus est que nous couchions, tout au long leurs passages, et ne penserions estre veus savoir ni bien dire, si nous n'accompagnions toute la teneur de nos discours, de cette curiosité. Les Grecs ni les Romains, lorsqu'ils furent en vogue de bien dire, n'en usèrent de cette façon, ni ceux même qui vindrent sur le déclin de leur éloquence entre les latins, comme nous voyons par leurs panégyriques. Brief, nous seuls entre toutes les autres nations, faisons profession de rapiécer, ou pour mieux dire rapétasser notre éloquence de divers passages. Rendant (si ainsi le faut dire) les morceaux comme estomach et cacochyme mal affecté ainsi que nous les avons pris. »

(Lettre à Loysel, liv. VII, lettre XII; OEuvres d'Étienne Pasquier, 1723.)

chaos ; un obstacle particulier s'opposait d'ailleurs à l'avancement du style. Nous avons déjà parlé des bienséances et des secours que les progrès de la politesse prêteraient à ceux de la langue ; on peut dire que tant que le style n'aura pas acquis ce précieux élément de la politesse , il n'aura pas encore trouvé son véritable caractère.

Les nombreux écrits et les querelles acharnées que firent naître les polémiques théologiques du commencement du siècle prouvent assez combien les écrivains étaient encore éloignés des plus simples lois des bienséances. Parmi ces querelles, nous ne citerons que celle qui s'engagea entre le jésuite Garasse, rendu fameux par sa théologie bouffonne, et un homme recommandable par sa piété et surtout par l'école célèbre dont il fut le chef, Saint-Cyran, qui ne montra guère dans cette rencontre, plus de modération que son adversaire. Si Garasse accable son ennemi de tous les traits que lui fournit son imagination débordée, Saint-Cyran ne lui épargne guère non plus le quolibet ni l'injure [1].

Ces sortes d'écrits, la honte des lettres, causaient au langage un dommage réel. En répandant des termes bas et populaires, ils détournaient les esprits troublés par la fureur et la haine, des voies du bon sens et de la justesse. Tandis que certains écrivains commençaient à ennoblir le style, et à réduire les formes de la phrase à de plus justes proportions, on voyait tout à coup reparaître dans ces libelles, écrits avec la dernière négligence, de ces phrases sans mesure et sans fin, qui semblaient ne devoir plus se reproduire

---

[1] Nous ne citerons que Saint-Cyran, on sait assez de quoi le père Garasse est capable.

« Vous faites comme les chats qui tombent toujours sur les pattes, tant vous avez l'habitude de déguiser, de corrompre tous les passages que vous touchez, » etc....
(*La Somme des fautes et faussetés contenues en la Somme du P. Garasse*, 1626, p. 237, t. Ier.)

dans le langage du XVIIe siècle[1]. Ainsi, le style s'avançait lentement, et, tout en faisant d'heureux efforts dans certains écrits, il voyait sa marche générale sans cesse arrêtée par le défaut de règles, la confusion des genres et le manque de goût.

Cependant, si la langue était encore loin d'être formée, quelques esprits justes commençaient à sentir, même dans cette période, tout ce qui lui manquait, et entrevoyaient la nécessité d'une prochaine réforme. Maynard nous a déjà fourni la preuve de ce fait important : nous en trouvons un nouveau témoignage dans une lettre adressée à Balzac, à l'époque où parurent ses premières lettres :

« Je voy parmi nous force gens, qui pour faire les entendus, se pleignent que l'éloquence françoise est perdue en nostre siècle. Mais j'ay de la peine à concevoir comment l'on peut perdre ce que l'on n'a jamais acquis. Car il est vrai que nostre langue n'estant qu'à peine parvenue au haut point de son accroissement, n'a pas eu encore le loisir de se parer des ornements qui rendent admirables la Grecque et la Latine[2]. »

[1] La phrase suivante montrera où en était encore la construction de la phrase. Saint-Cyran s'adresse au cardinal de Richelieu pour lui dédier son livre contre Garasse :

« S'il est vray, Monseigneur, comme la renommée le publie, qu'entrant dans les affaires, vous ayez trouvé qu'on avoit pris d'autres conseils, résolu la guerre étrangère, et que le tumulte domestique ait pris de là son origine ; vous avez cet avantage que ceux qui avoient été effrayés, ou par un défaut de courage, ou par un excès de prévoyance, de peur que la guerre ne traînast au dommage de la France, ont sujet de louer vostre générosité, de l'avoir soutenue par une harangue publique que tout le monde a admirée lorsque la seule réputation de Sa Majesté la rendoit nécessaire, à vostre sage conduite d'avoir fait par vostre conseil que le Roy l'ait terminée en un temps où tous les plus lâches et les plus clairvoyants ont été surpris, » etc.

[2] Lettres de M. de Bréval à M. Balzac. *Recueil des Lettres de Faret*, 1627.

Cet aveu est remarquable, si l'on considère surtout qu'il a été fait avant l'année 1627. Il est précieux de voir une langue encore faible et confuse, confesser en quelque sorte elle-même sa propre imperfection. N'est-ce pas là une preuve assurée du bon sens qui commence à l'éclairer et doit bientôt contribuer à son avancement?

Mais ces idées justes et saines sur l'état du style, avaient déjà fait sentir quelques effets dans les productions elles-mêmes. Dès l'année 1620, on vit paraître un écrit, qu'une époque plus avancée n'aurait pas désavoué. Le traité publié par Gomberville sous le titre, *Discours des vertus et des vices de l'histoire*, bien supérieur aux romans du même auteur, doit être considéré comme un des premiers écrits où la prose du XVIIe siècle a commencé à montrer la justesse jointe à une certaine pureté. Ce traité appartient autant au genre critique qu'à l'histoire [1].

Nous remarquerons dès à présent que les progrès du style se feront longtemps plutôt par des productions isolées et particulières que par les écrits qui appartiennent à des genres réguliers tels que la chaire, le théâtre, la poésie élevée, etc.

Outre le mérite d'une diction nette et claire, Gomberville a eu comme la plupart des écrivains précurseurs, certaines expressions du beau temps de la langue que nous devons d'abord citer.

Nous noterons l'emploi du mot *délicat*, pris dans le sens figuré qui revient si souvent dans le style du temps de **Louis XIV** : *tournures délicates, pensées délicates*, etc...[2].

---

[1] Nous pouvons dire en passant qu'on trouve dans ce Traité plusieurs traces du scepticisme historique qui s'est tant développé depuis. L'auteur révoque en doute les miracles rapportés par Tite-Live, le rasoir de l'augure, les pluies de sang, etc.

[2] « Je ne laisserai pas de dire que si cet ouvrage étoit excellent et *délicat* comme le dessein en est admirable et précieux, qu'il n'y auroit rien d'assez grand en toutes les plus belles paroles, ni en

Éclater, pris aussi dans un sens figuré qui est une des nobles expressions de la langue : *faire éclater la grandeur de ses desseins..... Ainsi éclate la magnificence de Dieu*, etc. Cette figure se trouve employée dans un des passages de ce traité [1].

Gomberville a même eu des idées justes sur le genre de style qui convient à l'historien. Les saines idées critiques étaient encore trop rares à l'époque où il écrivait pour ne pas mériter d'être notées. Nous remarquerons dans la page que l'on va lire, la marche régulière et l'heureuse coupe des phrases. On nous permettra d'insister sur ces détails si l'on pense que dans cette période, les simples formes du style ne sont pas même encore fixées :

« L'historien donc sera concis, non pas tant qu'il en paroisse obscur : il ne sera pas aussi tellement étendu que l'on n'y voye ni fond ni rive. L'esprit s'égare parmi ces grandes relations, et ne peut souffrir une mer si estendue sans crainte du naufrage : c'est pourquoy il faut rechercher une brièveté sans obscurité, et un discours si coulant que l'on ne soit arresté, ny par l'embarras des périodes, ny par la rudesse des paroles... Sur toutes choses, l'historien ne doit pas seulement raconter ce qui se dit et se fait en tous les événements de paix et de guerre : il doit aussi découvrir les conseils, rendre les raisons, et proposer les différents advis. Il ne doit pas juger des causes par les succès ; au contraire, montrant combien les préparatifs les mieux dressés, et les réso-

toutes les plus hautes imaginations des hommes qui pût atteindre au mérite de cet inestimable chef-d'œuvre. » (Épître dédicatoire.)

« Ce qu'il y a de bon dans cette pièce ou pour le moins de *délicat*, est pris du président de Thou, de Sleidan et de la Popelinière, etc. »   (Pag. 85.)

[1] « Mais alors que l'historien viendra à la mort de Henry IIIe, il faut qu'il *face éclater* hautement la justice des armes de ce grand roy, etc. »   (Pag. 109.)

lutions les plus judicieuses, sont sujettes à ne pas bien réussir ; il doit faire voir la cause de ses malheurs, et montrer que la témérité, que l'impatience, et que la fortune renversent le plus souvent ce que l'on avoit establi avec le plus de conduite et le plus de sagesse[1]. »

Assurément, il y a loin de cette page écrite d'un ton ferme et juste, à la prose du père Garasse. Aussi, entrons-nous dans une nouvelle période de la langue à laquelle appartient déjà ce dernier écrit.

Celle que nous venons de parcourir, qui embrasse les vingt-cinq premières années du siècle, nous a montré la prose dans un état encore confus, engagée en partie dans les formes du xvie siècle, montrant parfois comme des lueurs anticipées de la vraie langue, mais sans règles, sans lois fixes, n'ayant que des qualités naturelles, et rien de ce que donnent l'étude et le jugement.

Dans la période où nous allons entrer, le style va enfin commencer sa réforme, fixer ses lois et prendre ce caractère de bon sens et de régularité qu'il ne quittera plus jusqu'au temps des chefs-d'œuvre ; nous l'appellerons la période de correction.

[1] *Des vertus et des vices de l'histoire*, p. 171 à 173.

VII.

LES TRADUCTEURS, VAUGELAS, D'ABLANCOURT, PATRU,
LEMAITRE, BALZAC.

Nous prendrons pour fixer cette nouvelle époque l'année 1626, quelquefois appelée *l'année de Balzac*, parce qu'elle vit paraître ses premières lettres[1]. Mais avant de voir ce que fut le style entre les mains de cet auteur, nous devons indiquer quelques-uns des faits qui ont contribué à la réforme grammaticale et au débrouillement de l'éloquence.

Nous citerons d'abord les traducteurs parmi les écrivains qui ont commencé à mettre la correction et la régularité dans le langage. On sait que la traduction de Florus, qui fut publiée par Coeffeteau en 1621, à peu près dans le même temps que son Histoire romaine, eut, lorsqu'elle parut, une grande célébrité, et fut même proposée comme un modèle de style[2]. Cette traduction, malgré sa diffusion et la bassesse des termes, a cependant un fonds de bon sens et de naturel qui annonce déjà un commencement de réforme dans la

---

[1] « M. de Balzac disoit quelquefois que ceux qui voudroient savoir de ses nouvelles, lui feroient plaisir de les chercher dans l'année 1626. C'étoit donc là son époque favorite. Il n'y a guère de bons auteurs qui n'en aient une plus favorable que toutes les autres et qui n'est pas toujours la plus éloignée de leur coup d'essai. » (Bayle, *Nouvelles de la République des Lettres*, 1687, février, art. 4.)

[2] Vaugelas disait : « Point de salut hors de l'histoire romaine. »

diction. Coeffeteau a eu aussi quelques expressions heureuses [1].

Le style est plus correct et plus poli dans le *Quinte-Curce* de Vaugelas, bien qu'il soit loin d'être exempt de trivialités [2]. On vit paraître vers le même temps les traductions de Perrot d'Ablancourt, qui jouirent aussi d'une grande faveur. On sait du reste ce que sont *ces infidèles*, tombées depuis longtemps dans l'oubli. Aujourd'hui surtout que l'art de traduire a été poussé si loin, il faut considérer ces versions bien moins comme des interprétations des anciens que comme des paraphrases écrites d'un style parfois clair et facile, mais sans l'ombre d'exactitude. Il était alors d'usage d'ajouter ou de retrancher sans scrupule à son auteur, de le corriger même au besoin [3]. Les anciens prenaient ainsi la figure du traducteur.

Mais si l'on met de côté les nombreux défauts de l'inter-

---

[1] On remarquera dans cette phrase une expression que Bossuet a rendue célèbre :

« Lors il (Othon) se leva de dessus son lict, se mit en devoir de les appaiser, *mesla ses larmes avec ses prières*, et fit tant qu'il les renvoya tous paisiblement. »

(Hist. rom., 1621. Liv. VI, pag. 440.)

[2] Il traduit : Hos (gladios), si mihi creditis, Philotas in me acuit, par : « Si vous me tenez digne de foy, Philotas en a mis les fers au feu, il les a aiguisés pour me les plonger dans le sein. »

[3] On lit dans la Préface du Quinte-Curce de Vaugelas, composée par Pierre Duryer, que Baillet appelle un traducteur *à trente sous la page* :

« On lisoit dans le manuscrit de Vaugelas : « Quinte-Curce avoit mis, *cum amni bellum fuisse crederes*, j'ay supprimé cela tant parce qu'il y a trop de jeu et d'affectation qu'à cause qu'il a désja employé la même pensée ailleurs, ce qui lui arrive souvent, et qu'il faut corriger dans la traduction, avec la permission des critiques. » Cette dernière note fait connoître que le dessein de M. de Vaugelas estoit de corriger toutes les redites et toutes les affectations de Quinte-Curce, qui ne sont pas en petit nombre. »

prétation, si on lit ces traductions comme au temps de leur vogue, sans songer aux originaux, on reconnaît qu'elles ont pu aider en quelque chose à polir le langage. On conseille aux jeunes gens de s'exercer dans la traduction lorsque leur style n'est pas encore formé : ils apprennent par là à observer la forme des phrases et à peser la valeur des termes. Ainsi, on peut dire que dans l'état d'imperfection où la diction se trouvait alors, il valait mieux qu'elle s'appliquât à des sujets réguliers et fournis par l'antiquité qu'à des pièces d'éloquence ou d'invention qu'elle ne pouvait encore soutenir. Plus réglées dans leur marche, les plumes devaient se tourner d'elles-mêmes vers les soins de la correction. Il faut donc regarder ces versions primitives non comme des images des anciens, mais comme de simples exercices de style.

On peut dire aussi qu'elles ont contribué en quelque chose à répandre le goût de l'antiquité. Ce n'est pas qu'on eût alors un juste sentiment des beautés des lettres anciennes. On a peine à s'expliquer l'admiration emportée des écrivains de ce temps-là pour des historiens tels que Florus ou même Quinte-Curce. Ce culte, qui remontait jusqu'à Du Perron [1], semblait s'être perpétué parmi les esprits par une sorte de tradition qui prouve que ni le goût ni le choix ne présidait encore à la connaissance des anciens.

Mais, en attendant que le savoir, aidé des lumières du jugement, eût appris à goûter sainement les poëtes de la Grèce et de Rome, on remarquera le premier effet de ces versions qui les ont tirés des ténèbres des textes, et ont plu

---

[1] « Une page de Quinte-Curce vaut mieux que trente de Tacite.... Quinte-Curce est le premier de la latinité, si poli, si terse, et est admirable qu'en ses subtilités il est facile, clair et intelligible. Je mets Florus le plus haut après lui : c'est toute fleur ; il est si élégant ! M. de Tyron, qui étoit un homme pour juger des styles, mettoit Quinte-Curce au premier rang. »

(Perroniana , au mot *Styles.*)

d'abord par ce qu'elles eurent de français. Grâce à elles, l'antiquité ne sera plus seulement du domaine de l'érudition pure, elle deviendra familière aux lettres, et descendra par degrés dans la sphère du bel esprit. On ne la juge encore, il est vrai, que sur des copies informes; mais ces copies, par leurs défauts mêmes ou par le peu de beautés qu'elles laissent percer, inviteront insensiblement à remonter aux originaux. Nous aurons à marquer dans la suite l'heureux effet de l'antiquité sur le style français; mais nous toucherons alors à l'entière formation du goût.

Dans le même temps que ces traducteurs, on vit paraître d'autres esprits qui s'appliquèrent particulièrement à constituer le fonds du langage. Ces esprits, plus essentiels que brillants, surent, à l'aide du bon sens et en s'appuyant sur les lois de l'usage, régulariser le style, fixer ses règles et réduire les esprits à des habitudes de correction et de lenteur inconnues jusqu'alors même dans les plus graves sujets. Ces auteurs critiques ont été utiles à la diction plus encore par leur jugement que par leurs productions.

Tel fut Patru, juge si éclairé en matière de goût, au témoignage de ses contemporains[1]. Ses plaidoyers, malgré les soins qu'il y mit, sont écrits d'un style lourd et diffus qui les a fait abandonner depuis longtemps. Mais il faut voir en lui un des premiers arbitres de la langue : il tient à cette génération d'écrivains justes et modérés, si précieux dans cette période d'essai. Avec Patru commence cette

---

[1] Bouhours, en dédiant à Patru ses remarques nouvelles sur la langue (Paris, 1682), a rendu hommage à ses lumières.

« Il y a longtemps qu'on vous consulte sur le langage, et M. de Vaugelas, qui estoit luy-mesme un si grand maistre, avoue franchement qu'il vous doit ses principales lumières. Il vous nomme un des plus grands ornements du barreau, aussi bien que de l'Académie; et quoyque la jeunesse ne soit pas trop un âge à oracle, il vous compte entre les oracles de la langue, lorsque vous n'étiez encore que dans la fleur de vos années. »

espèce de censure de la diction qui a été successivement exercée par les premiers grammairiens, l'Académie, Port-Royal, et tant d'autres excellents critiques. Déjà se forme avec autant de solidité que de lenteur le fonds sur lequel s'élèveront les chefs-d'œuvre. Ces jugements éclairés ne cesseront plus de veiller sur les bases du style ; ils maintiendront la justesse et la raison, même dans un temps où la recherche et le faux goût s'empareront de la plus grande partie des écrits.

Nous parlerons des plaidoyers de Le Maître, seulement pour remarquer que tandis que le style commence à acquérir les qualités indispensables du goût et de la régularité, il perd déjà quelque chose des mouvements de son origine. Les plaidoyers de Le Maître, malgré leur réputation de véhémence, que l'on oppose quelquefois un peu par convention à la froideur de Patru, n'ont rien de l'entraînement du plaidoyer du vieil Arnauld. Le style de ces plaidoyers n'est point naturellement coupé, il est plutôt rompu par les citations qui le surchargent. Au milieu de ses irrégularités nombreuses, le style de Le Maître a cependant déjà assez de netteté et de bon sens pour admettre des ornements justes qui prouvent que la langue des écrits commençait à chercher quelque chose au-delà de la simple correction. Le Maître a eu aussi certains traits du style figuré qui sera le ton naturel de l'éloquence du temps de Louis XIV. Nous citerons quelques-unes de ses expressions les plus heureuses.

Il dit dans un de ses plaidoyers :

« Or quelle fin plus irréligieuse peut-on avoir dans une fausseté, que de se servir, pour *attacher* un pauvre enfant malgré luy *au joug* de la religion, de la falsification insigne d'une vérité, etc. [1] »

[1] *Les Plaidoyers et Harangues de Le Maître*, 1657. Paidoyé **VI**, p. 87.

On se souvient de ces beaux vers de *Bajazet :*

> Moi qui de ce haut rang qui me rendoit si fière,
> Dans le sein du malheur t'ai cherché la première
> Pour *attacher* des jours tranquilles, fortunés,
> *Aux perils* dont tes jours étoient environnés.
>
> (Acte IV, scène V.)

Le mot de *commerce,* pris dans le sens d'amitié, de liaison, est une de ces expressions heureuses et faciles qui, pour n'appartenir qu'au genre tempéré, ne méritent pas moins d'être remarquées. Ce terme commence à paraître dans les discours de Le Maître :

« Qu'y a-t-il de plus doux et de plus agréable que le séjour de sa patrie, que la jouissance de son bien, que le *commerce* et la société de ses amis, de ses parents, etc. [1] »

Il a pris aussi le mot de mouvement dans le sens moral :

« Se tenir toujours sur ses gardes dans les entretiens les plus familiers : avoir toujours quelques *mouvements* d'une secrète tristesse dans les réjouissances publiques, etc. [2] »

Nous remarquerons enfin dans ses discours les premiers modèles de phrases harmonieuses et bien construites. La période suivante se déroule avec un ordre et même avec une certaine majesté que n'avaient point les prosateurs du même temps :

« Mais peut-on espérer quelque pudeur et quelque retenue d'une femme qui n'a jamais eu d'autre loy que ses passions, d'autre règle que la licence, d'autre objet que sa fortune, et qui a cherché dans la noblesse de sa race, de quoy relever ses espé-

[1] Plaidoyé XXVIII, p. 480.
[2] *Id.*

rances ; dans l'agitation de sa vie, de quoy signaler son nom; dans l'injustice de ses desseins, de quoy s'enrichir aux dépens de son honneur; dans la grandeur de ses entreprises, de quoy s'élever au-dessus des loys, et dans l'assistance de ses parens, de quoy triompher de la justice [1]. »

On pourrait même citer de Le Maître des morceaux complets d'éloquence [2] ; mais pour ne point perdre de vue l'ensemble du style, il faut noter avec les beautés de certains détails les défauts qui déparent encore sa diction. Son langage tourne souvent à l'enflure, et de plus on trouve dans ses plaidoyers tous les excès de la fausse érudition. Les pères et les jurisconsultes y sont cités suivant la méthode de l'ancien barreau, pêle-mêle avec les poëtes et les anciens philosophes. On y trouve des traits de mauvais goût tels qu'il semblait ne plus devoir s'en rencontrer dans la langue après Malherbe [3]. S'il était permis de supposer dans la marche du style un ordre direct et suivi qui ne fût point son cours naturel, on dirait qu'à l'époque des plaidoyers de Le Maître le style n'était point encore assez réglé ni assez pur pour songer à s'élever et à s'embellir.

Mais remarquons que tandis que la langue essaie ses forces

---

[1] Plaidoyé xxx, p. 531.

[2] Le discours qu'il prononça en 1636 pour la présentation au parlement des lettres du chancelier Séguier.

[3] En voici un exemple pris dans un de ses plus célèbres discours :

« Comme l'air, selon Aristote, n'est jamais si froid que lorsque le soleil se lève, ainsi M. le chancelier n'a jamais esté si retenu que lorsque sa dignité, qui est le soleil des magistratures, a jeté sur luy ses premiers rayons. Et il ne se contente pas d'estre modeste envers le roy de mesme que le moindre des magistrats, et d'imiter les séraphins, lesquels, comme remarquent les pères, sont aussi humbles devant Dieu que ceux de la dernière des hiérarchies. »

(Plaidoyé xxxii, p. 596.)

nouvelles dans des écrits déjà plus châtiés, l'œuvre de la réforme grammaticale ne s'en continue pas moins. Un livre célèbre, les *Remarques sur la langue françoise*, de Vaugelas, peut être considéré comme le point marquant de cette période de correction. Bien que les *remarques* de Vaugelas n'aient paru qu'en 1647, et que quelques-unes aient été tirées des décisions de l'Académie, on peut croire qu'elles ont été conçues et rédigées avant la fondation de l'Académie, puisque Vaugelas fut admis dans cette compagnie sur la réputation qu'elles lui avaient faite.

En reconnaissant le mérite de ce livre, qui est le fruit d'un jugement aussi fin que juste, nous ne l'élèverons cependant pas au-dessus de ce qu'il vaut. Certains écrivains ont dit quelquefois que la formation du style datait des *Remarques* de Vaugelas. C'est, je crois, placer ce livre dans un rang trop élevé. On ne doit pas confondre les simples réformateurs du langage avec les maîtres de l'art d'écrire. On a remarqué avec raison que la plupart des *remarques* de Vaugelas sont devenues communes, ses décisions une fois admises. Tel est le sort des livres écrits pour le besoin présent : ils ne vivent qu'autant que l'utilité subsiste.

Mais nous devons dire qu'à dater de ce livre, l'ordre est établi pour le style : il pourra s'égarer encore, mais il reposera du moins sur une base sûre. Il y eut d'ailleurs plus que du grammairien dans Vaugelas, il y eut aussi de la finesse et de la pénétration, du vrai goût. Plusieurs de ses observations touchent non-seulement à des points d'usage et de pratique de la langue, mais aussi aux ornements et à la délicatesse de la diction [1].

[1] Quoi de plus juste que ces remarques sur la longueur et l'embarras des périodes :

« Certes, il faut donner cette louange à M. Coeffeteau, et je doute qu'on la puisse donner aux meilleurs autheurs de l'antiquité,

Il faut voir en lui un des esprits réservés et discrets de cette période qui semblaient, par zèle pour les progrès du style, se réduire aux humbles emplois de la grammaire. Vaugelas a senti parfois la beauté de certaines expressions qui ont en elles-mêmes une grâce particulière qu'on ne peut attribuer qu'au génie même de la langue. C'est ainsi qu'il s'est attaché à relever le mérite du mot *pudeur*, que Desportes avait introduit dans la diction. Il semble avoir pressenti l'heureuse expression que ce mot prendrait dans les écrits du règne de Louis XIV [1].

Mais il est un sentiment exprimé par Vaugelas dans ses *Remarques* que nous devons examiner dès maintenant, car le négliger serait laisser des doutes sur une des parties importantes de la formation du style ; nous voulons parler de

qu'en tant de volumes qu'il a faits, il ne s'y trouve pas une seule période qu'il faille relire deux fois pour l'entendre. »

Et dans un autre passage :

« *La longueur des périodes* est encore fort ennemie de la netteté du stile. J'entends celles qui suffoquent par leur grandeur excessive ceux qui les prononcent, comme parle Denis d'Halicarnasse, περίοδαι μακραί καί ἀποπνίγνουσαι τοὺς λέγοντας, surtout si elles sont embarrassées et qu'elles n'ayent pas des reposoirs, comme en ont celles de ces deux grands maîtres de nostre langue, Amyot et Coeffeteau. Il seroit importun et superflu d'en donner des exemples, qui ne sont que trop fréquens dans nos mauvais écrivains. »

(Remarques. — Des Équivoques.)

[1]   Il vous épargne la *pudeur*
De les lui découvrir vous-même.

(La Fontaine. — Les deux Amis.)

Fénelon a dit, en parlant de l'instruction à donner aux filles :

« Retenez leur esprit le plus que vous pourrez dans les bornes communes ; et apprenez-leur qu'il doit y avoir pour leur sexe une *pudeur* sur la science, presque aussi délicate que celle qui inspire l'horreur du vice. »   (*De l'Éducation des Filles*, VII.)

l'influence de la cour, qui, suivant Vaugelas et d'autres
écrivains du même temps, a le pouvoir non-seulement
de fixer les lois de la langue, mais même de former l'éloquence.

On lit dans la préface des *Remarques* :

« Il est certain que la cour est comme un magazin, d'où
nostre langue tire quantité de beaux termes pour exprimer nos
pensées, et que l'éloquence de la chaire ny du barreau n'auroit
pas les grâces qu'elle demande, si elle ne les empruntoit presque
toutes à la cour. »

Que Vaugelas, dans un temps où les lois de la grammaire
étaient encore incertaines, ait cru devoir invoquer l'autorité
de la cour pour faire adopter certaines locutions, pour *les
enfoncer dans l'usage*, comme a dit Montaigne, rien de plus
juste sans doute, et puisqu'il fallait une règle pour les décisions du langage, autant valait-il la prendre à la cour qu'ailleurs ; mais que l'on ait été jusqu'à dire qu'on ne pouvait
être éloquent sans avoir été à la cour, c'est pousser les
choses trop loin, ou du moins ce point-là mérite d'être
éclairci.

Cette opinion de Vaugelas n'était pas nouvelle et datait
même du siècle précédent ; on avait cru aussi au XVIe siècle
que toute l'éloquence et la pureté du langage ne pouvaient
partir que de la cour. Pasquier avait vivement combattu
cette opinion [1], et ses raisons étaient plus fortes encore

[1] « Vous n'estes pas le premier qui estes de ceste opinion, et y
en a une infinité en France qui estiment avec vous, qu'il faut puy-
ser l'idée et vraye naïfveté de nostre langue de la cour de nos
Rois, comme séjour et abord général de tous les mieux disans de
la France. Si vous me disiez que c'est là qu'il faut aller pour
apprendre à bien faire ses besognes, je le vous alloüerois franchement. Mais pour apprendre à parler le vray françois, je le vous nie
tout à fait. Au contraire (voyez, je vous prie, combien je m'esloigne
en cecy de vous), j'estime qu'il n'y a lieu où nostre langue soit plus

dans un temps où la cour était loin d'avoir acquis la politesse noble et délicate qu'elle montra depuis. Pasquier avait pu voir le temps où il avait plu aux courtisans d'*italianiser* le langage, et cette mode avait failli dénaturer l'idiome à peine formé.

Quant au style, au langage des écrits, la cour a-t-elle le pouvoir de le former et de le polir? Oui, lorsque la cour parle elle-même un langage pur et poli. Mais qui peut répondre que le vrai goût régnera toujours dans ce séjour, qui est souvent celui du caprice [1]? Dire qu'il faut écrire et parler *suivant la cour*, est un terme trop vague pour pouvoir être mis en précepte. Dans cette influence de la cour sur le style, il ne faut voir qu'une cause générale qui a pris différents noms suivant la diversité des mœurs.

corrompue.... Quoy doncques? Est-il impossible de trouver entre nous la pureté de nostre langue, veu qu'elle ne fait sa demeure ni en la cour du Roy, ni au palais! Vous entendrez, s'il vous plaît, quelle est mon opinion... Je suis d'advis que ceste pureté n'est restreinte en un certain lieu ou païs, ains esparse par toute la France, etc. »

(OEuvres d'Estienne Pasquier, liv. ii, lettre xii.)

[1] On lit dans les Mémoires de madame Du Hausset :

« Le roi.... passait une partie de sa matinée à écrire à sa famille, au roi d'Espagne..... et aussi à des gens obscurs. C'est avec des personnes comme cela, me dit-elle un jour (madame de Pompadour), que le Roi sans doute apprend des termes dont je suis toute surprise; par exemple, il m'a dit hier en voyant passer un homme qui avait un vieil habit : *Il a là un habit bien examiné.* Il m'a dit une fois pour dire qu'une chose était vraisemblable : *il y a gros.* C'est un dicton du peuple, à ce que l'on m'a dit, qui est comme *il y a gros à parier...* Le roi se servait de ces expressions avec intention et en riant. [*] » (Page 68.)

[*] Les Mémoires de madame Campan rapportent plusieurs de ces expressions populaires dont Louis XV aimait à se servir, et qu'il employait même pour désigner les princesses ses filles.

Il y a dans tout discours écrit deux parties distinctes et qui pourtant tiennent l'une à l'autre : l'une, inanimée en quelque sorte, qui se forme par les soins de la réflexion et les efforts de l'esprit; l'autre, humaine, vivante, qui prend ses formes dans les entretiens ordinaires et le commerce de la vie. C'est seulement à cette seconde partie du style qu'il faut appliquer l'influence de la cour, à cette portion *humaine*, qui doit être dans tous les styles, que la cour peut donner sans doute, mais qu'elle ne donne pas seule. L'antiquité regardait le peuple comme un grand maître en fait de langue [1]. Cette influence du peuple était, sous un autre nom, la même que celle de la cour.

On peut donc dire aux écrivains : « Consultez la cour, mais consultez aussi la ville, les femmes, le peuple, même le langage des enfants, tout ce qui peut donner au style la variété des tons et des mouvements. » Mais on conçoit qu'on ne saurait placer dans la langue d'une classe particulière, même la plus puissante et la plus polie, l'exemplaire souverain de l'éloquence. Il est vrai que quelques beaux esprits du xviie siècle ont souvent affecté de parler et d'écrire *suivant la cour*, mais Voltaire a fait justice de cette entreprise [2].

Ainsi nous ne considérons l'influence de la cour que comme un fait général qui se rattache aux progrès des

---

[1] « Oh! pour la langue, mon cher, le peuple est un très-excellent maître, et l'on aurait grand' raison de louer ses leçons dans ce genre.—ALCIBIADE. Pourquoi?—SOCRATE. Parce qu'il a dans ce genre tout ce que doivent avoir les meilleurs maîtres. »
    (Platon. *Le Premier Alcibiade*, trad. de M. V. Cousin, tome V, p. 40.)

[2] « Voiture fut le premier qui eut de la réputation par son style familier. On s'écriait : « cela s'appelle écrire *en homme du monde, en homme de la cour, voilà le ton de la bonne compagnie!* » On voulut ensuite écrire sur des choses sérieuses, de ce ton de la bonne compagnie, lequel souvent ne serait pas supportable dans une lettre. » (*Mélanges littéraires.*—Conseils à un journaliste.)

mœurs et de la politesse. Cette langue particulière a pu donner le ton aux entretiens, mais non aux bons écrits, et même dans les plus belles années du règne de Louis XIV, ses finesses, ses agréments n'ont jamais été qu'une dépendance du langage des grands écrivains.

Après cette digression sur un fait qui eût pu nous arrêter dans la suite, nous reprendrons le style au point où nous l'avons laissé, commençant à établir les lois de la correction, déjà rendu clair et raisonnable par les efforts des Patru, des Vaugelas, des d'Ablancourt, des Conrart, qui préludaient dans leurs conférences à la prochaine fondation de l'Académie. Déjà même nous avons vu dans les plaidoyers de Le Maître le langage se tourner vers l'éloquence, et chercher à répandre certains ornements sur ce premier fonds de justesse encore si récent. Un autre écrivain va renouveler cette tentative avec plus d'éclat. Balzac doit être mis au premier rang parmi les prosateurs qui ont tenté, après la réforme grammaticale, d'ouvrir à l'éloquence une carrière nouvelle.

Nous ne rappellerons pas quelle a été la destinée de cet écrivain si admiré de son temps et négligé même avant l'époque des chefs-d'œuvre. Le nom de Balzac n'appartient plus depuis longtemps qu'à l'histoire des lettres. Mais le sentiment le plus généralement adopté sur son style est « qu'il a donné à la prose française le nombre et l'harmonie. » Sans vouloir contredire ouvertement cette opinion si unanimement admise, nous nous demanderons si ce n'est point là un de ces jugements un peu vagues et superficiels dont on a peine à reconnaître l'entière justesse lorsqu'on arrive au fond des choses.

Quand on dit que Balzac a donné le *nombre* à la prose, entend-on par là qu'il a eu le premier des phrases bien construites? C'est un mérite qu'on ne saurait attribuer à lui seul; Le Maître a eu avant lui ou dans le même temps que lui de belles périodes, et d'autres écrivains du même temps en fourniraient des exemples. D'ailleurs, le nombre est une qualité d'arrangement qui tient à l'ordonnance du style, et on ne peut en faire le fonds principal d'un écrivain. Veut-on dire par ce mot d'*harmonie* que Balzac a rendu la phrase plus sonore? Mais si on veut bien examiner la sienne de près, on verra qu'elle n'est ni plus sonore ni plus arrondie que celle de tant d'autres auteurs. Sauf un peu de longueur et d'embarras dans les sujets graves, sa diction est généralement périodique ou coupée d'après les lois du sujet, et c'est le meilleur éloge qu'on en puisse faire.

Nous pensons que pour reconnaître ce que devint le style sous la plume de Balzac, on doit distinguer en lui deux esprits : l'un, clair, sensé, naturel même, bien que ce mot puisse sembler hasardé lorsqu'il s'agit de Balzac, mais on sait que tous les bons esprits du temps honoraient non-seulement son éloquence mais aussi son jugement; l'autre esprit, au contraire, outré, ambitieux, admettant les figures forcées, l'enjouement à froid, les fausses pointes, enfin tout le mauvais de Balzac, qui est malheureusement ce qu'on a surtout retenu de lui.

Nous ne citerons point ses affectations qu'on a si souvent rapportées. Nous aimons mieux indiquer certaines formes vraiment nouvelles qu'il a données au style. Les écrits de Balzac ne sont pas remplis seulement par l'amplification et le mauvais goût; on a plus d'une fois extrait de ses œuvres des morceaux d'une éloquence véritable.

Mais loin de mettre son style tout entier dans la forme périodique, qui lui doit cependant une partie de son perfectionnement, nous dirons qu'il a fait faire au langage des progrès non moins sensibles peut-être dans le genre vif et coupé que dans la forme oratoire. Nous rappellerons, pour justifier cette opinion, que depuis longtemps on ne lit plus Balzac en entier et que l'on se contente non sans quelque raison peut-être de certains extraits que l'on choisit presque toujours dans le genre relevé. Cette forme rapide, abrupte même, qui est si utile dans les portraits, les vivacités de la moquerie, ou même les accumulations oratoires, existait dans les origines de la vieille langue. Les chroniqueurs et les premiers conteurs ont souvent narré vivement. Le XVIe siècle a substitué à l'abandon de la phrase primitive l'enchevêtrement de la période traînante à l'imitation de certains écrits anciens. On voit que d'efforts il a fallu pour retirer le style de ces formes embrouillées.

Nous remarquerons dans le portrait suivant un tour vif et pressé dont on trouverait peu d'exemples dans les écrits du même temps :

« La France étoit folle de cet homme-là, car c'est trop peu de dire amoureuse. Il ne faut pas s'estonner si elle s'éloigna de son devoir comme elle fit. Une telle passion alloit bien près de l'idolâtrie : il y avoit des gens qui l'invoquoient dans leurs prières, d'autres mettoient sa taille-douce dans leurs *Heures*. Pour son portrait, il estoit partout ; quelques-uns couroient dans les rues pour faire toucher leur chapelet à son manteau, et un jour qu'il revenoit d'un voyage de Champagne, entrant à Paris par la porte Sainct-Antoine, non-seulement on luy cria : *vive Guise !* mais plusieurs personnes lui chantèrent *Hosanna filio David*

« On a veu des assemblées, qui n'estoient pas petites, se rendre en un instant à sa bonne mine. Il n'y avoit point de cœur qui pust tenir contre ce visage : il persuadoit avant que d'ouvrir la bouche ; il estoit impossible de lui vouloir mal en sa présence.

« Le premier regard qu'il jettoit sur ses ennemis ostoit d'abord de leur esprit toute l'aigreur qu'ils avoient apportée contre luy ; il faisoit une telle esmotion en leur sang, et un si estrange changement en leurs humeurs, qu'après cela ils avoient besoin de s'exciter longtemps eux-mêmes pour reprendre la haine qu'ils n'avoient plus. De sorte que ce que j'ai ouï dire à un courtisan de ce règne-là, ne me semble pas mal dit, que les huguenots estoient de la Ligue quand ils regardoient le duc de Guise[1]. »

[1] Dissert. IX.

Nous avons aussi noté dans certains passages de Balzac une forme nouvelle qui est une des particularités du style coupé. On remarquera la phrase courte en forme de saillie qui termine la période suivante :

« Un consul, Madame, ayant eu commandement d'aller faire la guerre contre un roy ennemi de la république, estudia si bien par les chemins, et se rendit si sçavant en une profession qu'il ignoroit, qu'estant parti de la ville homme de paix, il arriva grand capitaine, et desvestit sa robe longue, pour gagner d'abord une bataille. Ainsi commençoient vos prédécesseurs : ils faisoient ainsi leurs premières armes ; leur apprentissage estoit un chef-d'œuvre. »

(Dissertations politiques. — I. A la marquise de Rambouillet.)

Nous noterons comme un exemple du même tour la vivacité de la dernière phrase qui termine cet autre passage :

« Tout ce qu'il y a dans le monde d'effroyable et de terrible n'est pas capable de lui faire cligner un œil : tout ce qu'il y a d'esclatant et de précieux ne luy peut pas donner une tentation. On ne sçauroit le vaincre, on ne sçauroit le gagner. »

Cette tournure, qui consiste à attirer l'attention sur une phrase de peu de mots mise en relief à la fin d'un alinéa ou d'un chapitre est, comme on sait, d'un grand usage dans le style enjoué ou concis. On doit en blâmer l'emploi trop fréquent, qui rebuterait bientôt l'esprit, mais les meilleurs auteurs l'ont introduit dans quelques parties de leurs écrits [1].

---

[1] Pascal a principalement employé le style coupé dans la première *provinciale*, et terminé plusieurs périodes par un de ces traits saillants. Voltaire en a fait un usage infini dans le *Dictionnaire philosophique*. Ce passage de Montesquieu en donne un exemple dans le genre relevé :

« Mais la grandeur de Rome parut bientôt dans ses édifices pu-

Nous insistons principalement sur ces tournures que Balzac a sinon créées, du moins employées un des premiers. Quant aux expressions, on peut être surpris qu'un écrivain qui avait plusieurs des qualités du grand prosateur n'ait pas eu un plus grand nombre de ces termes heureux qui doivent appartenir au fonds de la belle langue [1]. Ces termes lui ont manqué sans doute parce que les traits d'affectation, tout en laissant subsister dans ses écrits d'incontestables qualités, ont dû étouffer plus d'une fois les figures simples et naturelles qui commençaient dès-lors à croître librement dans la langue.

Sans entrer dans le détail des défauts et des mérites de Balzac, nous dirons que le style n'a point perdu entre ses mains. Il ne s'est point exercé sans fruit dans ces longues dissertations et ces lettres que l'on a comparées justement à des *oraisons*. Quant au mauvais goût que Balzac a pu mettre dans la langue, oserons-nous dire qu'elle s'en défera plus facilement, maintenant qu'elle est entrée dans les voies de la correction, qu'elle n'eût fait vingt ou trente années auparavant? L'affectation restera pour ainsi dire à la surface du style, sans aller jusqu'au fond. Si l'on débarrasse certains passages de Balzac des traits de recherche et d'enflure, il restera souvent des pages claires et raisonnables, ce qui montre assez l'état présent de la diction.

Balzac a cherché le premier à orner la prose française, et c'est là pour nous le point essentiel de ses productions. Ses

blics. Les ouvrages qui ont donné et qui donnent encore aujourd'hui la plus haute idée de sa puissance, ont été faits sous les rois. On commençait déjà à bâtir la ville éternelle

(Grandeur et décadence des Romains, chap. ɪ.)

[1] En voici un pourtant qui, pour sentir un peu l'antiquité, ne laisse pas d'être français, et méritait peut-être d'être conservé :

« Il n'a garde d'estre *indulgent* aux mauvais désirs et d'accorder tout à la volupté. »   (*Le Prince,* chap. ᴠ.)

contemporains lui ont donné cette louange, d'avoir tenté le premier quelque chose au delà des règles de la grammaire [1]. Sans considérer le mauvais choix de ses ornements, nous dirons que le moment était venu de songer aux embellissements du style, puisque le fond devait résister chez lui aux atteintes du faux goût.

De plus, les égards et les bienséances entre écrivains dont nous avons vainement cherché la trace au temps de Malherbe, ont fait dans les écrits de Balzac un progrès notable. Cette politesse qu'il apportait dans le commerce de la vie [2] l'a souvent entraîné à des flatteries hyperboliques; mais au milieu des erreurs de son goût il a eu le caractère noble et poli du véritable écrivain français. Le premier, il a su répandre ce précieux encens de l'adulation littéraire, sans beaucoup de choix, il est vrai; mais cet art de louer se perfectionnera et restera parmi les délicatesses du style.

Reconnaissons toutefois que cette politesse nouvelle encore alors, n'a pas été seulement le partage de Balzac; d'autres écrivains du même temps en ont aussi offert l'exemple.

Il semble que les premiers réformateurs de la langue aient voulu mettre l'urbanité parmi ses origines comme un de ses titres irrécusables. Voltaire, que l'on comprend que nous ayons à citer souvent dans un essai de ce genre, a fait

[1] « Si M. de Balzac ne se fût seulement proposé que la pureté et la douceur qui faisoient toute la perfection de nostre langue, nous ne serions pas riches comme nous sommes de tant d'ornements qu'il a inventez et de tant de merveilles qu'il nous a découvertes. De sorte qu'au lieu de travailler d'après la véritable éloquence, nous serions esclaves des règles de la grammaire, des subtilitez d'une fausse logique et ne connoistrions pas ny la force des figures, ny les principales beautez du discours. »
(Lettres de Silhon à M. de Marco; *Recueil de Faret*, p. 440.)

[2] « M. Despréaux assuroit, comme l'ayant sçu de personnes de la vieille cour, que la société de Balzac, bien loin d'être épineuse comme ses lettres, étoit toute remplie de douceur et d'agrément. »
(*Bolœana*, 1742, p. 52.)

cette remarque, non peut-être sans quelques sentiments de contrition [1].

Le style, pendant cette période, a commencé à fixer ses lois, et a même fait dans certains écrits un premier pas vers l'eloquence. Ces essais, pour n'avoir pas été pleinement heureux, n'en ont pas moins eu quelques effets utiles pour le renouvellement de la diction et l'expérience du goût. Mais avant de noter de nouvelles tentatives, nous devons achever de marquer les faits qui ont surtout rapport à la réforme grammaticale de la langue.

[1] « Il se trouva, dans le siècle passé, un homme qui donna un bel exemple de la critique la plus judicieuse et la plus sage : c'est Vaugelas. On croit qu'il n'a donné que des leçons de langage, il en a donné de la plus parfaite politesse. Il critique trente auteurs, mais il n'en nomme ni n'en désigne aucun ; il prend souvent même la peine de changer leurs phrases en y laissant seulement ce qu'il condamne, de peur qu'on ne reconnaisse ceux qu'il censure. Il songeait également à instruire et à ne pas offenser ; certainement, il s'est acquis plus de gloire en ne voulant pas flétrir celle des autres que s'il s'était donné le malheureux plaisir de faire passer des injures à la postérité. »

(Mémoire sur la Satire. — *Mélanges littéraires*, I.)

VIII.

Ces nouvelles lois du style que venaient de poser plusieurs esprits judicieux, furent bientôt consacrées par la fondation de l'Académie française, qui eut, comme on sait, son berceau dans les assemblées des écrivains occupés surtout des soins de la diction. Nous ne rechercherons dans cet événement à jamais mémorable dans l'histoire des lettres, que ce qu'il a pu avoir d'intéressant non pour les détails même de la langue, mais pour les progrès de l'éloquence.

Laissant de côté les premiers travaux de l'Académie, le Dictionnaire, la Grammaire, les projets de rhétorique et de poétique, toutes choses trop particulières pour notre sujet, nous arrivons directement à l'événement qui a mis l'Académie sur un autre terrain que celui de la grammaire et de l'usage de la langue, à la critique de la tragédie du *Cid*, qui fut entreprise peu de temps après l'époque de sa fondation.

Sans considérer les événements qui ont précédé cette critique, la longue résistance des bons esprits de l'Académie [1], la contrainte exercée sur leurs décisions par Riche

----

[1] « Les plus judicieux de ce corps témoignoient beaucoup de répugnance pour ce dessein. Ils disoient que l'Académie, qui ne faisoit que de naître, ne devoit point se rendre odieuse par un jugement, qui peut-être déplairoit aux deux partis, et qui ne pourroit manquer d'en désobliger pour le moins un, c'est-à-dire une grande partie de la France. Qu'à peine la pouvoit-on souffrir sur la simple

lieu, sans parler de la dissertation même qui prouve par plus d'un passage que l'Académie était alors encore fort éloignée du bon style[1], nous ne nous attachons qu'au fait même de la critique, qui nous paraît avoir été non-seulement inopportun, mais de plus, contraire aux intérêts de la diction et du goût.

Quoi! au milieu de la barbarie du théâtre, quand l'éloquence de la chaire et du barreau essaie à peine ses premiers pas, une pièce paraît, remplie d'incomparables beautés qui jettent comme un trait de lumière imprévu parmi la froideur des règles et les préceptes de grammaire. La France, justement transportée par la venue de son premier chef-d'œuvre, s'écrie à tout ce qu'elle admire : « *Cela est beau comme le Cid !* » et au lieu de soutenir cet heureux instinct de l'enthousiasme, ce corps fondé non-seulement pour veiller sur la langue, mais aussi pour seconder les efforts de

imagination qu'on avoit qu'elle prétendoit quelqu'empire sur notre langue : que seroit-ce si elle témoignoit de l'affecter et si elle entreprenoit de l'exercer sur un ouvrage qui avoit contenté le grand nombre et gagné l'approbation du peuple ! »

(*Hist. de l'Académie,* par Pellisson, édit. d'Olivet, t. I, p. 112.)

[1] On y remarque des traits nombreux de galimatias et de mauvais goût :

« Il faut que les remarques des défauts d'un auteur ne soient pas des reproches de sa foiblesse, mais des avertisements qui lui donnent de nouvelles forces, et que si l'on coupe quelques branches de ses lauriers, ce ne soit que pour les faire pousser davantage en une autre saison... Il est même à souhaiter que sur des propositions indécises il naisse des contestations honnêtes, dont la chaleur découvre en peu de temps ce qu'une froide recherche n'auroit pu découvrir en plusieurs années, et que l'entendement humain, faisant un effort pour se délivrer de l'inquiétude des doutes, s'acquière promptement, par l'agitation de la dispute, cet agréable repos qu'il trouve dans la certitude des connoissances. »

(*Sentiments de l'Académie françoise sur la tragi-comédie du Cid.*)

l'éloquence, ne répond que par une lourde dissertation qui a pour résultat de chagriner Corneille, et peut-être aussi d'arrêter les effets de l'admiration publique. Au lieu de relever les défauts du *Cid*, n'eût-il pas été plus à propos d'en faire sentir les beautés que si peu d'esprits étaient alors à même de comprendre ?

Aussi, est-ce à dater de cette critique du *Cid* qu'il faut craindre dans le style l'empire d'un esprit non moins funeste peut-être que le défaut de règles, *l'esprit grammairien*, qui tendrait à mettre le langage entièrement dans les règles. La correction est acquise, mais il faut éviter aussi que la froideur ne succède, et qu'en voulant trop épurer la langue on ne lui ôte de ses beautés naturelles. On remarque dans les esprits des premiers académiciens, au milieu de leurs estimables qualités, quelque chose d'étroit et de méticuleux qui se manifeste par des discussions infinies sur des mots, de simples particules. On se souvient de l'horreur de Gomberville pour le *car*, des recherches sur les mots *muscadins* et *muscardins*, des stances de Malherbe, que l'Académie employa près de trois mois à examiner ; « encore n'acheva-t-elle pas [1]. »

L'érudition fausse et, pour tout dire, la pédanterie commença aussi alors à s'emparer des esprits, et il fallut en redouter les suites pour les formes de la diction.

Nous avons parlé des premiers traducteurs ; nous avons dit que sans avoir précisément contribué à répandre le goût de l'antique, ils ont cependant commencé à mettre quelque chose de l'antiquité dans les lettres. Leurs versions nous ont même paru ne pas avoir été sans quelque utilité pour le langage, ayant toujours eu dans leur infidélité même un air naturel et simple qui leur a conservé longtemps quelque faveur.

La seconde époque que l'on pourrait marquer dans cette

[1] *Hist. de l'Académie*, t. I, p. 164.

érudition particulière aux lettres fut moins favorable aux détails du discours. On songea moins à comprendre l'antiquité qu'à s'en faire une arme pour les discussions savantes ou la vanité des préfaces. La poétique d'Aristote régna longtemps sur la critique de la première moitié du XVII* siècle ; les d'Aubignac, les Desmarets la compilèrent en grande partie dans leurs traités ; on en retrouve des lambeaux jusque dans les écrits les plus frivoles. La plupart des auteurs qui citaient Aristote, le traduisaient aveuglément et sans trop en comprendre le sens. On érigeait en préceptes de style des phrases ou des expressions isolées, sans leur donner d'acception raisonnable. On cherchait comment un poëme dramatique *devoit faire son imitation* ou s'y prendre pour *purger les passions :* on ne parlait que d'*exorde*, de *protase*, de *la volupté* (ἡδόνη), en fait de poésie dramatique ; on se demandait si le *délectable* était son véritable but [1]. Scudéri a étrangement appliqué au *Cid* les règles qu'il croyait avoir puisées dans la poétique *du grand Stagirite* [2]. Corneille luimême, a plus d'une fois sacrifié à cette érudition d'emprunt et a trop cité Aristote, dans ses préfaces et ses discours sur le poëme dramatique.

Ainsi, le style commence à peine à se débrouiller et à devenir net et solide, qu'il a déjà à se défendre contre une double atteinte, partie d'un même esprit : les minuties des grammairiens, que les premières assemblées de l'Académie ont fait naître, et le jargon de la pédanterie qui a mis dans le langage certaines formes barbares, et menace de se substituer aux instincts naturels du goût.

[1] *Sentiments de l'Académie sur le Cid.*

[2] « Pour montrer la disproportion du Cid en toutes ses parties, je me suis servi de la comparaison de tous les corps physiques, mais je n'ai fait que l'emprunter d'Aristote, qui s'en sert au chapitre VIII de son Art poétique. »

(*Preuves des passages allégués dans les observations sur le Cid,* par M. de Scudéri.)

Nous parlerons ici d'une résistance qui fut faite par quelques esprits au nouveau langage, non que nous cherchions par une sorte d'enchaînement forcé à opposer ce retour vers les anciennes formes aux défauts que nous venons de marquer, nous cherchons autant que possible à laisser au style sa marche naturelle. Mais outre que ces actes de résistance furent dans toute leur vigueur vers le temps de la fondation de l'Académie, ils pourront jeter quelques lumières sur la situation présente de la diction.

En parlant de la réforme de Malherbe, nous avons remarqué que certains poëtes s'unirent pour la combattre : cette résistance se fit aussi sentir dans la prose. Elle fut commencée par mademoiselle de Gournay, dont le nom doit bien plutôt à l'adoption de Montaigne qu'à son propre mérite de n'être pas tombé dans un complet oubli. Mademoiselle de Gournay appartient à la période de Malherbe, plutôt qu'à celle de Vaugelas; mais les partisans du vieux style venus après elle n'ayant fait que reproduire ses idées, il est indifférent que l'on parle d'elle dans l'une ou l'autre période.

Mademoiselle de Gournay et les autres écrivains qui ont combattu le nouveau langage, La Mothe Le Vayer, Dupleix, Chevreau, etc. [1], n'ont pas eu à proprement parler de principes arrêtés. Ils se sont tenus à quelques plaintes vagues contre le joug que les novateurs imposaient à la langue. Mademoiselle de Gournay appelle la poésie nouvelle *fami-*

---

[1] « Ce qui peut être aujourd'huy reçu peut ne l'être pas dans vingt ou trente ans ; et d'ailleurs, je ne suis pas trop lent, comparé au dictionnaire que l'on attend depuis si long-temps. Peut-on croire que quarante personnes imposent des lois à cinquante mille et à une infinité de dames qui écrivent bien sans dictionnaire? Pourroit-on bien fixer la langue d'un peuple qui nomme une espèce de jargon les expressions du règne de Henri troisième ? etc. »

(Urbain-Chevreau; *OEuvres mélées*, p. 600 ; *Extrait des Mémoires d'Ancillon*. Amsterdam, 1759, t. I, p. 185.)

lière, *suffragante* et *précaire* [1] ; elle reproche aux nouveaux poëtes d'être *valets de la rime et de la grammaire* [2]. Elle les appelle *des docteurs en négative*, et qualifie ainsi leur réforme : « Certes , selon l'étendue qu'ils taillent à leur possession en nostre langue , ils peuvent dire qu'ils sçavent ce qu'elle n'est point et non pas ce qu'elle est [3]. »

La Mothe Le Vayer, qui s'est aussi opposé au nouveau style, n'a guère été plus précis que mademoiselle de Gournay dans ses attaques. Il y a eu , sans nul doute , dans ses *réflexions sur la grammaire*, une intention détournée de s'opposer aux réformateurs de son temps [4]. Mais on y découvre plutôt l'indifférence d'un sceptique de profession qu'un dessein arrêté de faire prévaloir une forme de langage. On ne peut douter cependant que La Mothe Le Vayer ne tînt pour l'ancienne diction. Dans plusieurs passages de ses écrits , il a conservé les longueurs , les parenthèses et les

[1] *Les Advis ou Présents de la demoiselle de Gournay,* 1641 , p. 283.

[2] *Id.* p. 467.

[3] *Id.* 93.

[4] C'est le cœur bien plus que la langue qui nous rend diserts, et le mérite des choses que nous exprimons est sans comparaison plus important que le choix des mots ou même que leur arrangement, encore que cela ne se doive pas absolument négliger. Epicure soutenoit dans ce sentiment que la nature seule nous pouvoit rendre éloquents et jamais l'art soit des grammairiens soit des rhéteurs. . . . . . La grammaire ne nous donne rien d'avantageux, puisque les préceptes et les professeurs sont presque tous différents , et leurs plus belles règles sujettes à mille exceptions qui composent en toutes langues *leurs hétéroclites.* Il y a plus, c'est que l'amusement qui s'y prend est si peu sérieux qu'il semble indigne d'un homme capable de s'occuper à quelque chose de mieux, n'étant de saison, il me semble, que dans les premières années. (*OEuvres de La Mothe Le Vayer,* 1756. — Doute sceptique. — *Si l'Etude des belles-lettres est préférable à toute autre occupation ,* t. II, p. 159.)

comparaisons traînantes des prosateurs du xvie siècle. On remarque même au milieu du fatras de ses œuvres , certaines expressions qui ont quelque chose des grâces du siècle précédent [1]. Ce retour vers l'ancien langage se laisse voir dans plusieurs écrits du même temps. On peut citer entre autres le livre de Gabriel Naudé, connu sous le nom de *Mascurat*, qui n'est plus depuis longtemps qu'un livre de curiosité, mais où l'on retrouve au milieu de l'érudition confuse des anciens prosateurs quelques traits de leur bonhomie malicieuse [2].

Ainsi, à une époque déjà avancée du siècle, après la fondation de l'Académie et la réforme de Vaugelas, le style du siècle précédent avait encore des partisans. Cette résistance n'aura pas d'influence sensible, mais elle ne sera jamais entièrement étouffée ; nous la verrons reparaître à la fin du siècle et dans un temps où l'affaiblissement du style pourra faire regretter plus justement la vigueur des anciennes formes. Dans la période de formation, les efforts des prosateurs

---

[1] Ils croient qu'une période mal arrondie et négligemment couchée peut de même avoir un fort bon effet dans l'oraison , comme les ombres l'ont dans la peinture.   (*De l'Éloquence françoise.*)

Une période négligemment couchée nous semble être dans le goût du xvie siècle, ainsi que cette autre figure :

« La science est un rameau d'or qui ne se laisse pas cueillir indifféremment par toutes personnes. »   (Lettre xxxvi.)

[2] Le vrai titre du livre est : *Iugement de tout ce qui a été imprimé contre le cardinal Mazarin depuis le sixième ianvier, etc.* 1649. Au milieu des longueurs interminables du dialogue , on trouve certaines saillies qui rappellent de loin la gaieté de Rabelais. Mascurat dit à son interlocuteur Saint-Ange :

« Tu as la conscience large comme la manche d'un cordelier. »

Et dans un autre passage :

« Ie croy, si tu veux dire la vérité, que cent escus et toy n'ont jamais passé par la mesme porte. »

rétrogrades eurent d'autant moins d'effet, qu'à l'exemple des poëtes opposés à Malherbe et à l'exception de certaines formes surannées qui ne firent que leur donner un air de plagiat; ils employèrent, dans la plupart de leurs écrits, le nouveau langage pour attaquer l'ancien [1]. Nonobstant cette opposition, le style poursuivra donc sa réforme commencée et continuera à se renouveler suivant son génie.

Toutefois, la part faite à ce qu'il y eut de vague et d'inconséquent dans ces attaques contre le nouveau langage, il faut reconnaître que dirigées dans un autre esprit, et fondées sur l'examen particulier des deux styles, elles eussent pu avoir un tout autre effet. Si au lieu de se borner à réclamer en forme de vœu les libertés de l'ancienne langue, ses partisans eussent opposé ses grâces naïves, les figures si variées et si heureuses des Montaigne, des Amyot, des Pasquier au langage raisonnable, mais, comme l'a dit mademoiselle de Gournay, un peu *précaire* du nouveau siècle, on peut se demander de quel côté eût penché la balance.

Si l'on prend le style à l'époque de la fondation de l'Académie, si on l'examine non pour ce qu'il sera, mais pour ce qu'il est, on est forcé d'avouer qu'en s'épurant et en s'enfermant dans des bornes fixes, il a pris de la timidité, et même de la sécheresse. On l'a rendu net, précis, clair, mais la clarté n'est pas tout le discours. Un érudit du dernier siècle, La Nauze, a répandu dans un mémoire sur le style quelques pensées justes sur ce qu'une langue a encore à acquérir après ses premiers progrès [2].

[1] « Ce qu'il écrivit (Le Vayer) contre les remarques de Vaugelas ne lui fit guère d'honneur, ayant été contraint, pour plaire au public, de se servir de ce qu'il condamnoit et de corriger son style suivant les règles de son adversaire. »

(*Mémoires de Vigneul Marville*, t. II, p. 358.)

[2] « Lorsqu'une langue a fait quelques progrès, qu'elle s'est enrichie, qu'elle a acquis de la dignité, de la finesse et de l'abondance, ce n'est plus assez que le discours ait de la netteté, il faut ajouter

Tout en reconnaissant ce qu'eut d'utile, ou pour mieux dire d'essentiel pour la langue, la réforme grammaticale qui vient de s'accomplir, on doit aussi avouer que toute une partie manque encore au discours, et il faut le dire, celle qui s'adresse aux plus brillantes facultés de l'esprit. Le nouveau langage n'a ni les embellissements ni l'éclat des figures et des métaphores, rien *des lumières* de la diction.

On voit assez combien il est encore éloigné de la véritable éloquence, lorsqu'on lit les premières harangues prononcées dans le sein de l'Académie. L'emphase et le mauvais goût s'étalent dans la plupart de ces discours complimenteurs, écrits sans jugement et sans mesure [1], que Voltaire a pris comme le juste sujet de ses railleries [2].

à la clarté du style plusieurs autres perfections, qui entrent en concurrence avec elle, la pureté, la précision, la vivacité, la noblesse, l'harmonie, l'élégance. L'union de toutes ces qualités fait le chef-d'œuvre du discours. »

> (*De l'abus qu'on fait quelquefois d'une prétendue clarté de style, en traitant les matières de littérature et de science, par M. de La Nauze. — Mémoires de l'Académie des Inscriptions et Belles-Lettres, t. XIII.*)

Est-ce assez en effet d'une heureuse clarté,
Et ne péchons-nous pas par l'uniformité?
(Voltaire, *Épître à Horace.*)

[1] On lit dans un de ces discours :

« Car, Messieurs, n'espérez pas de trouver à l'avenir des hommes qui vous ressemblent. C'est bien assez à notre siècle de s'être vu une fois quarante personnes d'une suffisance, d'une vertu si éminente. Un si grand effort n'a pu se faire sans épuiser la nature. Vos successeurs ne seront plus désormais que l'ombre de ce que vous êtes, et des enfants qui n'auront que le seul nom de leurs pères. Que je sens de confusion de paroître aux yeux de tant de grands personnages! etc. »

Qui croirait que de pareilles choses ont été prononcées par le judicieux Patru, qui fut reçu de l'Académie en 1640 ?

[2] « Un jour, un bel esprit de ce pays-là (de l'Angleterre) me de-

Mais sans vouloir relever en rien ces harangues ou-
bliées, reconnaissons que si elles furent perdues en grande
partie pour l'éloquence, peut-être ne le furent-elles pas entièrement pour les détails et l'ordonnance du discours. On
conçoit en effet que dans cet état d'imperfection du style
oratoire ces lectures publiques, en faisant naître d'utiles
discussions, aient pu avoir aussi pour effet de mettre plus
d'harmonie dans l'arrangement des mots, une cadence plus
juste dans la suite des phrases, et d'empêcher surtout le retour de ces périodes *suffoquantes* que ni l'haleine des lecteurs ni l'attention des assistants n'auraient pu soutenir.

Ces premiers discours profitèrent aussi au commerce
privé des lettres et aux progrès des bienséances. La politesse
entre écrivains, dont nous avons déjà noté quelques heureux
témoignages dans Balzac et dans d'autres auteurs du même
temps, se trouve à jamais consacrée dans ce recueil des premières harangues académiques, où l'on désirerait voir sans
doute plus de modération et de variété dans la louange;
mais on doit songer que ces louanges succédaient aux temps
qui avaient été les témoins des excès des Garasse, des

manda les Mémoires de l'Académie française. Elle n'écrit point de
Mémoires, lui répondis-je; mais elle a fait imprimer soixante ou
quatre-vingts volumes de compliments. » Il en parcourut un ou
deux. Il ne put jamais entendre ce style, quoiqu'il entendît fort bien
tous nos bons auteurs. « Tout ce que j'entrevois, me dit-il, dans ces
beaux discours, c'est que, le récipiendaire ayant assuré que son
prédécesseur était un grand homme, que le cardinal de Richelieu
était un très-grand-homme, le chancelier Séguier un assez grand-
homme, le directeur lui répond la même chose, et ajoute que le récipiendaire pourrait bien être aussi une espèce de grand-homme,
et que, pour lui, directeur, il n'en quitte pas sa part. « Il est presque
aisé de voir par quelle fatalité presque tous ces discours académiques ont fait si peu d'honneur à ce corps. *Vitium est temporis
potius quam hominis.* L'usage s'est insensiblement établi que tout
académicien répéterait ces éloges à sa réception. On s'est imposé
une espèce de loi d'ennuyer le public. »

(*Dictionn. philos.*, art. Société Royale de Londres.)

Goulu, des Girac, des Costar. Comment descendre à l'injure après avoir échangé publiquement tant de flatteries ? Lorsqu'on revoit ces commencements de l'Académie, on ne saurait trop estimer ces premières réunions entre écrivains pauvres, ignorés et sans appui pour la plupart, qui déjà avaient su répandre dans leurs assemblées les agréments du monde et la douceur des manières. Ces heureux commencements d'une compagnie, si faible à son origine et depuis devenue si illustre, ont été loués par Fénelon[1].

Nous terminerons à la fondation de l'Académie la seconde période que nous avons appelée *période de correction*. Les nouvelles lois du langage viennent d'être consacrées par les premiers travaux des académiciens; la langue se trouve maintenant, comme l'a dit un contemporain, *capable de style;* ses progrès ont même été signalés par un chef-d'œuvre : le *Cid* a paru, mais a été peut-être plutôt applaudi qu'apprécié.

Le même temps vit aussi paraître un écrit qui a été considéré avec raison comme un des grands événements de l'histoire de l'intelligence moderne, le *Discours sur la Méthode* de Descartes. Mais nous remarquerons que cette production à jamais célèbre quant au fonds des idées, a été écrite en grande partie dans le goût du xvie siècle. On y trouve, au milieu de la rectitude des pensées et de la gravité de la diction, un grand nombre de périodes traînantes, mal construites, et plusieurs termes surannés[2]. Ainsi, les progrès

---

[1] « Chacun se plaît à remarquer la simplicité, l'ordre, la politesse, l'élégance, qui régnoient dans ses premières assemblées (il parle de l'Académie), et qui attirèrent les regards d'un puissant ministre, etc. » (Discours de réception à l'Académie.)

[2] Voici un exemple de phrase embarrassée :

« Outre que les trois maximes précédentes n'étoient fondées que sur le dessein que j'avois de continuer à m'instruire : car Dieu nous ayant donné à chacun quelques lumières pour discerner le

du nouveau style n'étaient pas même encore parvenus jusqu'à un esprit tel que Descartes.

Toutefois, ces traces d'ancienneté ne sont plus que des faits particuliers qui disparaîtront par degrés dans le courant des nouvelles tentatives. Ce qui peut encore manquer à la correction s'achèvera de soi-même ; les esprits vont pouvoir se tourner désormais presque entièrement vers les délicatesses et l'ornement de la diction.

vrai d'avec le faux, je n'eusse pas cru me devoir contenter des opinions d'autrui un seul moment, si je ne me fusse proposé d'employer mon propre jugement à les examiner lorsqu'il seroit temps ; et je n'eusse su m'exempter de scrupule en les suivant, si je n'eusse espéré de ne perdre pour cela aucune occasion d'en trouver de meilleures en cas qu'il y en eût ; et, enfin, je n'eusse dû borner mes désirs ni être content, si je n'eusse suivi un chemin par lequel, pensant être assuré de l'acquisition de toutes les connoissances dont je serois capable, je le pensois être par même moyen de celle de tous les vrais biens qui seroient jamais en mon pouvoir ; d'autant que, notre volonté ne se portant à suivre ni à fuir aucune chose que selon que notre entendement la lui représente bonne ou mauvaise, il suffit de bien juger pour bien faire, et de juger le mieux, c'est-à-dire pour acquérir toutes les vertus, et ensemble tous les autres biens qu'on puisse acquérir ; et lorsqu'on est certain que cela est, on ne sauroit manquer d'être content. »

    (*Discours de la Méthode*. Édit. de M. Victor Cousin, t. Ier, p. 152.)

Descartes se sert des mots *quasi, encore que, il lairroir*, etc.

IX.

L'HOTEL RAMBOUILLET, LES POETES, VOITURE, ETC.

Mais avant de voir le style entrer dans une autre période, où il va prendre un nouveau caractère, nous devons encore indiquer certains traits qui se rapportent aux détails de la réforme, et prouvent qu'au milieu du travail de la correction, le langage ne perdit pas entièrement plusieurs des qualités d'origine qu'il a déjà montrées.

L'influence du cardinal de Richelieu, utile aux intérêts généraux des lettres, ne fut point favorable aux détails de la diction, si l'on en juge par l'échantillon que Pellisson en a donné dans le vers si connu de Colletet. Mais ce ministre exerça, à son insu peut-être, sur certains prosateurs qu'il eut sous la main, un ascendant particulier qui a donné à leur style quelque chose de mâle et de précis que l'on doit mettre parmi les traits du langage du temps.

Les écrivains prennent toujours un peu de la teinte du genre de gouvernement sous lequel ils écrivent. Cette pensée ne peut être qu'indiquée ici ; mais il est aisé d'en prévoir les développements. Ainsi, il semble qu'on retrouve quelque chose du ton grave et fier de l'autorité de Richelieu dans certaines pages des auteurs qu'il employait pour répondre aux pamphlets dirigés contre lui.

Les Mémoires de Richelieu, longtemps attribués à Mezeray, mais que la science historique moderne a restitués sinon à la plume même du ministre, du moins à celle de ses secrétaires, offrent au milieu des lenteurs d'un style encore traînant et embarrassé, plusieurs traits de force remarquable. Les actes les plus sanguinaires de cette grande politique y sont expliqués sous les formes absolues du raisonnement. Mais ce caractère de force et de gravité est mieux marqué encore dans les écrits qui ont eu pour objet la défense même de Richelieu.

Nous citerons parmi ces apologies peu connues *Le Coup d'État de Louis XIII*, par Jean Sirmond, qui parut en 1631, écrit remarquable pour le temps où il fut composé. Sirmond, outre la diversité des tours, a eu certaines expressions heureuses qui s'allient bien avec l'entraînement et la vigueur de la diction. Nous remarquerons entre autres le mot *instrument* pris au figuré, qui est d'un fréquent usage dans le style de Louis XIV.

« Les roys n'ont point d'*instruments* plus utiles au bonheur de leurs royaumes, que ces grands ministres dont le ciel fait présent à ceux qu'il destine à quelques extraordinaires merveilles [1]. »

Sirmond a aussi employé avec autant de justesse que d'habileté le style coupé dont nous avons déjà trouvé quelques exemples dans Balzac.

Il parle de Richelieu :

« C'est au reste un courage merveilleux, qui n'a rien de comparable que le jugement qui le conduict. Nulle sorte de dangers ne l'estonne, nulle sorte d'accidents ne le trouble. Il est égal partout. Il travaille quand les autres se reposent, il veille quand les autres dorment. Vostre service ne le lasse point. Mais à qui le dis-je? A vous, Sire, qui l'avez non-seulement veu, mais admiré dans toutes les fonctions de capitaine et de soldat. Les paroles sont inutiles où les choses parlent. Qu'on regarde ce qu'il a fait, etc. [2] »

---

[1] *Le Coup d'État de Louis XIII*, 1631, p. 21.
[2] *Id.* p. 85.

Nous remarquerons la vivacité de ces tournures : *Nulle sorte de dangers... nulle sorte d'accidents...* Puis cet autre mouvement, qui relève heureusement la phrase : *Mais à qui le dis-je ? A vous, Sire*, etc.

On nous pardonnera encore une fois d'entrer dans ces détails ; mais nous rappellerons qu'à l'époque où Sirmond écrivait, ces tournures étaient de véritables nouveautés ; le style était encore en pleine lutte avec l'embarras de l'ancienne phrase ; Descartes nous en a fourni la preuve.

Cette page, tirée du même écrit, nous a paru renfermer des beautés de plus d'un genre, eu égard toutefois à la période du langage à laquelle elle se rapporte. C'est toujours de Richelieu que parle l'auteur :

« Une partie de l'Europe l'envie, l'autre le crainst, il n'en est point qui ne l'admire. Et certes, en quelque endroit du monde, et dans quelque siècle qu'il fust né, la recommandation de tant de qualitez excellentes, qui se rencontrent en luy dans un degré de perfection qui n'est pas moins sans exemple que sans défaut, eust infailliblement obligé la fortune à faire en dépit de l'envie quelque chose d'extraordinaire pour luy. A quoy seroit-il bon de le représenter ici par le menu ? Tout ce que j'en sçauroy dire se trouveroit au-dessous de ce qu'on en sçait. Sans parler du reste, sa probité reluit en ses déportements, son érudition en ses écrits, son éloquence en ce qu'il veut persuader, son industrie en ce qu'il entreprend de faire... Sa première entrée dans les affaires fust sous une mauvaise constellation. Ce royaume estoit lors embrasé d'un grand feu, qui ne se pouvoit déjà plus esteindre par l'accablement de celuy qui l'avoit allumé. En ce dérèglement universel de toutes choses, dont il estoit plus aisé de reconnoistre le principe que d'arrester le cours, tout le mieux qu'il pust faire d'abord, fust d'empescher qu'on ne fist encore pis. Quelque tems après, ayant voulu ramener doucement par degrez les choses au poinct où la raison vouloit qu'elles fussent, il y trouva tant de résistance, que de peur de se rendre coupable de ce qu'il condamnoit, il demanda plusieurs fois son congé. Le besoin qu'on avoit d'une teste comme la sienne, luy fist refuser absolument ce qu'on eust accordé facilement à quelque autre, dont il eust été plus aisé de se passer. Il luy fust donc force de demeurer dans le vaisseau où son malheur l'avoit embarqué [1]. »

On sent le ton de fermeté et de décision qui règne dans ce morceau, écrit d'un ton vif et rapide, bien qu'il n'appartienne qu'au genre tempéré. Nous noterons l'expression : *La probité qui reluit.* Le mot *reluire*, pris au figuré, sera, ainsi que le mot *éclater*, que nous avons noté précédemment, un des termes d'adoption de la belle langue. Si nous ne craignions pas de céder à une sorte de faible trop commun chez ceux qui exhument les écrits oubliés, nous dirions qu'il y a du Bossuet dans ce trait de la fortune « obligée à faire en dépit de l'envie quelque chose d'extraordinaire pour Richelieu. » Nous pensons donc que, bien que l'on puisse signaler dans ce morceau plus d'un défaut, il est cependant fort supérieur non-seulement aux premières harangues académiques, mais même à la plupart des autres écrits de prose publiés dans le même temps.

Nous rapprocherons du *Coup d'État de Louis XIII* une autre apologie de Richelieu, publiée par Silhon vers la même époque [2]. Dans cet écrit, qui fait suite au *Ministre d'état*, l'auteur, après avoir fait l'apologie de Richelieu, entre dans des vues générales sur l'histoire et parle ainsi de l'abjuration d'Henri IV :

« Montrons pour la gloire d'un prince restaurateur de la France, et père de notre roy, que son retour à l'église a été fort pur, et sa conversion désintéressée. Les armes d'Espagne, quelque vanité qu'elle en tire, ne l'ont jamais ébranlé ; et par sa propre confession, jamais homme ne fust plus égal en l'une

---

[1] *Le Coup d'État,* etc., p. 85 et suiv.

[2] *Histoires remarquables tirées de la seconde partie du Ministre d'état,* par S. Silhon, 1632.

et l'autre ,fortune. Quand le prince de Parme vint secourir Rohan, et que cinq nations marchèrent pour délivrer cette ville, le roi eust bien de la peine à se résoudre : jamais sa prudence et sa valeur ne furent plus empeschées qu'en cette occasion, et c'estoient deux fascheuses extrémités pour luy, ou de lever le siége ou de combattre en mesme temps les assiégés et un si grand capitaine qui le venoit attaquer. En cette rapide nécessité qui ne laissoit lieu ni pour délibérer ni pour remettre, Byron se présente et luy demande sa conversion de la part de la noblesse catholique, qui sans cela s'alloit débander. Il le conjure de donner son salut aux prières de tant de gens de bien, qui donnoient si franchement leur sang, et exposoient leur vie pour le servir. Cela ne le fléchit pas, et comme celuy qui ne connoissoit pas de passions lusches, il ne veut devoir sa conversion qu'aux lumières du ciel, ni mesler la considération de l'intérest avec celle de la conscience. Après qu'il eust levé le siége, et que son courage eust cédé à la prudence qui lui conseilla de ne hazarder pas le tout pour une partie, ni l'espérance d'un royaume pour la prise d'une ville, il se vit attaqué d'une nouvelle tentation. L'admiral de Villars offre de la lui remettre en mains, pourvu qu'il quitte sa religion, et de faire la planche à tant d'autres François qui n'attendoient qu'un exemple illustre pour le suivre. Il refuse encore cette offre ; et, avec la mesme indifférence d'esprit qu'il avoit résisté à la crainte, il se défendit de l'espérance. Advouons donc que son heure n'estoit pas encore venue, et qu'il fust véritablement touché lorsqu'il abjura l'erreur [1]. »

On ne saurait reprendre dans ce passage que l'expression *faire la planche,* qui a quelque chose de peu relevé ; mais quant aux tournures et au choix des termes, le langage ne sera ni plus varié ni plus juste dans les périodes suivantes. Silhon a même eu des traits élevés qui touchent à la véritable éloquence. Il dit dans le même écrit :

« Qu'il n'est pas possible de se détacher du Saint-Siége, ni de

[1] *Histoires remarquables ,* etc., p. 26 et suiv.

toucher tant soit peu à cette suprême dignité où Dieu a laissé sa puissance, que toute la religion ne tremble, et toute la machine ne se démonte. »

Ce trait si hardi, *que toute la religion ne tremble*, est une de ces figures fortes et inattendues qui nous paraissent tenir aux origines de l'éloquence du xviie siècle.

On peut voir d'après ces deux écrits que la prose, en s'épurant, n'a point perdu cette empreinte d'énergie et de mouvement qui a marqué certaines pièces d'éloquence de la première période. Il est vrai que dans la période grammaticale ces qualités paraissent s'éclipser comme pour laisser le champ libre aux préceptes ; mais elles ne sont pas détruites pour cela : elles reparaissent d'elles-mêmes dès que le style a fait son nouveau progrès. Ainsi, aucun des véritables éléments de la belle langue ne s'anéantira au milieu des divers accidents de la formation.

La période où nous allons entrer nous montrera, par une variation nouvelle, le style s'écartant pour un certain temps de ces qualités de justesse et de raison qu'il vient à peine d'acquérir, pour se jeter dans la recherche, qui tiendra longtemps encore la place des véritables ornements. Cependant ce détour même lui sera profitable, et il tirera des agréments du faux goût plus d'un trait précieux.

Nous avons abandonné le style poétique presque depuis Malherbe ; mais, sauf quelques exceptions en bien petit nombre, on doit. considérer comme un temps de sommeil pour la poésie les années qui séparent les odes de Malherbe de la tragédie du *Cid*. La plupart des poëtes que vit paraître la période de l'Académie, les Boisrobert, les Faret, les Colletet, les Lestoile, ne firent guère que mettre en rimes une prose froide et rampante. On ne trouve dans toutes les poésies de ce temps-là, pastorales, élégies, épîtres, plates strophes décorées du nom d'odes, qu'une sorte de naturel qui dégénère presque toujours en bassesse.

Le style poétique va maintenant entrer dans des routes plus brillantes et plus fleuries. Cette tentative de donner au style l'ornement et les figures, que Balzac a déjà faite pour la prose avec plus de zèle que de justesse, ne tardera pas à se renouveler pour la poésie ; l'affectation présidera seule aux premiers efforts, mais le goût, devenu plus sûr, pourra balancer ses effets. Nous appellerons la nouvelle période où nous entrons période de la galanterie ou de la fadeur; non que tout ait été fade ou galant dans le temps qui suivit l'Académie, mais nous choisissons dans chaque époque le point dominant.

Cependant, avant d'observer ces nouveaux changements de la diction, nous avons à marquer une influence qui a été trop sensible sur les lettres et le goût du XVIIe siècle pour n'avoir pas agi aussi sur le langage : nous voulons parler de l'influence des femmes, qui contribua à donner au style un tour d'agrément et de finesse qu'il n'avait point eu jusque-là. Nous n'indiquerons que ce seul fait dans le progrès général de la politesse qui se fit sentir à l'époque galante de la régence d'Anne d'Autriche. Désormais, le style ne parlera plus seulement la langue des écrivains de profession, il s'y mêlera aussi quelque chose du ton et de l'esprit des entretiens. La plupart des écrivains critiques du XVIIe siècle ont attribué aux femmes un empire particulier sur les formes de la langue ; les philosophes même les plus graves l'ont reconnu [1].

Cette influence des femmes n'existait pas dans la première période des lettres. Madame des Loges est la seule femme dont le nom se trouve mêlé à la poésie du commencement du siècle ; mais c'est à peine si les flots d'encens que lui ont

[1] « C'est aux femmes à décider des modes, *à juger de la langue,* à discerner le bon air et les belles manières. Elles ont plus de science, d'habileté et de finesse sur ces choses. »
(Malebranche. *De la Recherche de la Vérité,* IIe partie, chap. Ier.)

7

prodigués Malherbe, Balzac, Godeau et d'autres poëtes du temps, ont pu sauver sa mémoire de l'oubli [1]. Cette dame a été pour ces écrivains un sujet de sonnets galants et d'épîtres hyperboliques; mais elle ne paraît pas avoir agi particulièrement sur leur esprit et leur goût.

Il n'en fut pas de même de la célèbre marquise de Rambouillet et de sa fille Julie d'Angenne, dont les noms ne peuvent se séparer de l'histoire des lettres du XVIIe siècle. C'est dans ce célèbre hôtel Rambouillet que nous allons maintenant avoir à observer les changements que le style a subis. Nous laissons de côté tout ce qui a rapport à l'histoire même de cette compagnie, qui a fourni à l'histoire anecdotique des traits si curieux. Nous prenons pour notre point d'observation, quant au langage, l'époque que l'on peut considérer comme celle du plus haut degré de splendeur de l'hôtel Rambouillet, l'année 1639, qui vit paraître *la Guirlande de Julie*.

Ce recueil de galanterie, où, comme on sait, les poëtes les plus célèbres du temps apportèrent le tribut de leurs muses, nous offre déjà quelques-uns des signes du nouveau langage poétique. On ne peut dire encore s'il est meilleur ou pire que celui de la période précédente, mais il n'est assurément plus le même. Nous ne citerons rien de *cette guirlande*, qui n'est guère qu'un tissu de fadeurs et de madrigaux; mais nous remarquerons ces allusions sans fin *aux fleurs*, *aux astres*, *aux pierreries*, *aux étoiles*, *à l'aurore*, *au soleil*, qui ont revêtu le style de certaines teintes brillantes que, dans un genre de poésie galante, il ne perdra jamais entièrement.

---

[1] « Pour se faire une juste idée de l'habileté et de l'esprit de madame des Loges, il suffiroit de considérer que Malherbe étoit un de ses plus assidus courtisans, et qu'il la visitoit réglement de deux jours l'un. »

(Entretien XXVII de Balzac, cité par Bayle. *Dictionn. hist.*, art *Loges (Dame des)*. (D) Édition Beuchot, t. IX, p. 293.)

Ce tour de galanterie, ces métaphores éblouissantes se retrouvent aussi dans d'autres poëtes qui appartiennent pour le style au règne de la fadeur, Gombauld, Malleville, Habert, Cerisy, etc....

Dans ce fameux sonnet de Malleville, *la belle matineuse*, qui a pu, comme l'a dit La Harpe, « faire illusion dans son temps », on trouve plusieurs de ces images brillantes, qui, en perdant ce qu'elles ont de trop vif et de trop éloigné du naturel, renaîtront plus tard et se placeront parmi les ornements du vrai style figuré.

Nous citerons ce sonnet en entier, qui, bien que fort souvent rapporté, peut cependant ne pas être dans toutes les mémoires :

> Le silence régnoit sur la terre et sur l'onde,
> L'air devenoit serein et l'olympe vermeil ;
> Et l'amoureux zéphyre, affranchi du sommeil
> Ressuscitoit les fleurs d'une haleine féconde.
>
> L'aurore déployoit l'or de sa tresse blonde
> Et semoit de rubis le chemin du soleil ;
> Enfin ce Dieu venoit au plus grand appareil
> Qu'il soit jamais venu pour éclairer le monde.
>
> Quand la jeune Philis, au visage riant,
> Sortant de son palais plus clair que l'orient[1],
> Fit voir une lumière et plus vive et plus belle.
>
> Sacrés flambeaux du jour, n'en soyez point jaloux ;
> Vous parûtes alors aussi peu devant elle,
> Que les feux de la nuit avoient fait devant vous.

On ne saurait sans doute approuver les faux brillants qui

---

[1] La Harpe, qui a signalé avec son goût ordinaire les défauts de ce sonnet, a souligné cet hémistiche : *Plus clair que l'orient.* Cette expression nous paraît être dans cet amas d'images une de celles que l'on peut conserver. Elle ne s'éloigne pas trop de ce sens vague et détourné que n'excluent pas absolument les sujets de tendresse.

remplissent ce sonnet ; mais nous dirons que, pour le degré d'avancement où se trouvait alors le style , on ne devait pas absolument regretter de voir l'esprit des poëtes chercher à s'élever vers ces images , qui commençaient à renaître dans la poésie, *cet olympe vermeil, ce zéphire dont l'haleine ressuscite les fleurs* [1] , *cette aurore qui déploye l'or de sa tresse blonde*, etc.

Ces traits métaphoriques choquent surtout par leur accumulation ; il faut cependant noter ces premiers efforts pour embellir le fond du style poétique encore inculte et négligé à l'époque de ces sonnets. Nous noterons surtout dans la même pièce le mouvement des derniers vers : *sacrés flambeaux du jour;* ce tour, vif et tendre, est sans doute ce qu'il y a de meilleur dans le sonnet de Malleville, et a suffi peut-être pour le sauver de l'oubli. Nous avons vu que le mouvement poétique avait été sinon entièrement perdu , au moins fort négligé , depuis Malherbe ; il renaîtra par degrés, grâce aux transports souvent un peu forcés de la galanterie, mais il retrouvera bientôt quelques tours naturels.

On remarque dans les poésies de Gombauld quelques termes de galanterie qui se rapprochent aussi de la belle langue. Plusieurs expressions empruntées à la fable parurent alors et contribuèrent à élever la langue des poëtes au-dessus des familiarités de la prose. Parmi ces figures nouvelles, nous citerons cette expression harmonieuse et brillante, *l'amante de Céphale*, mise pour l'aurore, qui se reproduit souvent dans les poésies du temps.

Gombauld commence ainsi un de ses sonnets :

> Leve-toy, je te prie, *amante de Céphale,*
> Je dois voir aujourd'huy l'astre de mon amour...

[1] La Fontaine a dit :

> Un certain loup dans la saison
> Que les tièdes zéphyrs ont l'herbe rajeunie.
> (*Le Cheval et le Loup*).

. . . .
Elle est toute parfaite, elle n'a point d'égale,
Les Grâces auprès d'elle ont choisy leur séjour [1].

Nous remarquerons aussi dans ces vers l'emploi du mot *les Grâces*, qui demeurera non-seulement dans le langage de la poésie, mais encore dans celui de la prose relevée. Les grands écrivains s'en serviront pour varier les sujets qui semblent le plus éloignés de semblables ornements. Le grave Bossuet dira en parlant du Dauphin, fils de Louis XIV : « Représentons-nous ce jeune prince que *les Grâces* sem- « bloient elles-mêmes avoir formé de leurs mains (par- « donnez-moi ces expressions); il me semble que je vois « encore tomber cette fleur [2]. »

On peut aussi attribuer aux poëtes de ce temps l'emploi fréquent du mot *charmant*, que certains vers de Racine ont mis parmi les beautés de la langue :

Charmant, fidèle enfin, rien ne manque à sa gloire.
. . . .
Que de soins m'eût coûtés cette tête charmante !

Gombauld a dit :

Privez-moi d'*un objet si charmant et si doux.*
Les délices des yeux et le tourment des âmes [3].

On trouverait plus d'un exemple de l'emploi du mot *char-mant* chez les poëtes antérieurs [4], mais il ne prit une ex-

[1] Poésies de Gombauld, 1646. Sonnet IX.
[2] Oraison funèbre de Marie-Thérèse d'Autriche.
[3] Sonnet LXIX.
[4] On lit dans la *Sophonisbe de Mairet* :

O funeste rencontre! ô malheureux moment !
Où le sort me fit voir ce visage *charmant !*
(Acte II , scène I.)]

pression particulière de tendresse que dans la période de galanterie.

Enfin, ces autres vers de Gombauld ont un tour passionné qui montre, comme nous l'avons dit, qu'au milieu de l'affectation de ces nouvelles poésies, le style rencontrait parfois quelques accents naturels :

> Je crains du changement les cruelles alarmes,
> Je crains du désespoir les mortelles rigueurs ;
> J'aime mieux n'aimer point qu'aimer jusqu'aux langueurs,
> Je veux bien soupirer, mais non pas jusqu'aux larmes.
>
> (Sonnet I, lib. III.)

Nous croyons inutile de faire observer que nous citons seulement les passages raisonnables de ces poëtes oubliés, qui ont tous donné dans les excès du mauvais goût. La plupart de leurs sonnets contiennent des traits semblables à ce vers de Gombauld :

> Adieu donc, ô beauté, des beautés la plus belle.
>
> (Sonnet LXI.)

Un poëte de la même époque, Voiture, mérite d'être distingué des autres, non pas tant à cause de la grande réputation qu'il eut de son temps, et dont il ne s'est presque rien conservé, mais parce qu'il a essayé le premier d'écrire d'un ton de grâce et de légèreté qui signale les premières communications du langage des lettres avec celui du monde.

Mais, pour reconnaître ce que Voiture a fait pour le style, on doit séparer en lui le prosateur du poëte. Sa prose ne se compose que de lettres galantes ou enjouées, où, sauf quelques traits de fine plaisanterie [1], on ne trouve guère

---

[1] Il commence ainsi une lettre au cardinal de La Valette .

« Monseigneur,

« Au commencement du souper, on ne but point à votre santé,

que des jeux de mots de la pire espèce, qui offensent à la fois le naturel et le bon sens.

On a souvent opposé la prose de Voiture à celle de Balzac. La Harpe a dit à propos de Voiture : « C'était un enjouement quelquefois délicat et fin qui contrastait avec l'emphase oratoire de Balzac [1]. » On s'est trop hâté peut-être d'adopter cette opinion ou plutôt ce *contraste*, qui a plu par sa facilité à un grand nombre d'esprits, mais qui n'est pas entièrement conforme à la vérité des choses, Balzac étant infiniment supérieur à Voiture, pour tout ce qui fait le vrai mérite de l'écrivain. Le mot *d'emphase oratoire* peut s'appliquer aux dissertations politiques et chrétiennes de Balzac, au *Socrate chrétien,* au *Prince,* mais non à ses lettres qui, tout en sentant un peu trop la contrainte et l'étude, sont loin cependant d'être entièrement sur le ton de l'emphase.

Que l'on rapproche une lettre de Balzac d'une lettre de Voiture, et l'on verra que le style suit la même pente chez l'un que chez l'autre. Leurs deux plumes cherchent l'ornement hors du naturel et aboutissent à des effets pareils. Que Balzac écrive à Saumaise que *sa doctrine a l'étendue de l'Océan,* que *sa douceur a de la pointe et son miel de l'aiguillon* [2], ou que Voiture, en s'embarquant sur un vaisseau chargé de sucre, écrive qu'*il arrivera confit,* que *s'il fait naufrage, ce ne peut être qu'en eau douce,* et que *les zéphyrs*

parce que l'on fut fort diverti, et à la fin, on n'en fit rien non plus... car je ne voudrois pas que la postérité prît une chose pour l'autre, et que, d'ici à deux mille ans, on crût que l'on eût bu à vous, cela n'ayant point été. »   (*OEuvres de Voiture,* 1734, lettre x.)

Il dit dans la même lettre :

« Cela y fut particulièrement remarquable que, n'y ayant que des déesses à la table et deux demi-dieux, à sçavoir, monsieur de Chaudebonne et moi, etc. »

[1] Cours de Littérature, IIe part. I.

[2] Lettre de Balzac à Saumaise, liv. XVIe, lett. Ire, édit. 1665.

lui seront favorables parce qu'ils seront du nombre des esprits doux[1] ; ne semble-t-il pas que ces traits soient partis du même esprit ? Ainsi, on ne peut dire que la prose ait pris une figure nouvelle en passant de Balzac à Voiture. Si Balzac a donné plus souvent dans les sujets élevés, Voiture, en choisissant ses sujets dans le genre léger, n'est guère moins forcé ni moins emphatique que son devancier. Mais, si Voiture a peu fait pour le fond même du style, il a fait faire quelques progrès aux formes. La phrase a acquis dans ses lettres de nouvelles qualités de souplesse et d'agilité. Il a commencé le premier à écrire comme on converse; mais on sait que les conversations que l'on pouvait prendre alors pour modèles, étaient loin d'être naturelles et simples.

Cependant, les écrits de Voiture tiennent à la formation du style par un point particulier, qui, pour n'être pas d'un ordre élevé, n'en est pas moins un des traits marquants de la diction. Les premiers vers élégamment enjoués que le XVIIe siècle ait produits, ont été composés par Voiture. Il suffit de rappeler ses jolis vers, adressés à Anne d'Autriche :

> Je pensois si le Cardinal ,
> (J'entends celui de la Vallette), etc.

On connaît son épître au prince de Condé, qui offre, au milieu de quelques longueurs, plusieurs traits d'un heureux badinage, et même un détail que Voltaire a emprunté en l'embellissant[2].

---

[1] Lettre LXIIe à mademoiselle Paulet.
[2] Voiture dit au prince de Condé :

> Que d'une force sans seconde
> La mort sait ses traits *élancer*,
> Et qu'un peu de plomb sait casser
> La plus belle tête du monde.

Voltaire, dans son *Épître au roi de Prusse*, dit :

> Et qu'un plomb dans un tube, entassé par des sots,
> Peut casser d'un seul coup la tête d'un héros.

Nous rappellerons aussi ces autres vers que l'on a cités si souvent, et qui ont toutes les grâces et l'abandon de l'époque du vrai goût :

> Surtout il avoit une grâce
> Un je ne sçai quoi qui surpasse
> De l'amour les plus doux appas ;
> Un ris qui ne peut se décrire,
> Un air que les autres n'ont pas,
> Que l'on voit, et qu'on ne peut dire.
>
> *(Stances sur une jeune fille déguisée en garçon, un soir de carnaval.)*

Voiture a eu dans ses poésies galantes, fort inférieures du reste à ses vers enjoués, quelques-unes de ces images que nous avons déjà marquées dans Malleville et Gombauld, et qui ont commencé à donner au style quelque chose de brillant et de figuré.

Il commence ainsi un de ses sonnets :

> Des portes du matin, l'amante de Céphale
> Ses roses épandoit dans le milieu des airs,
> Et jetoit sous les cieux nouvellement ouverts
> Ces traits d'or et d'azur qu'en naissant elle étale.

Nous répétons ce que nous avons dit plus haut, que, dans cette profusion *de roses, d'aurores, de traits d'or et d'azur,* le vrai style aura beaucoup à retrancher sans doute, mais retiendra cependant quelque chose de ces richesses.

Voiture commence un autre sonnet ainsi :

> Belles fleurs dont je voi ces jardins embellis,
> Chastes nymphes, l'amour et le soin de l'aurore.

Nous noterons cette expression, *l'amour et le soin de l'aurore,* qui s'élève au-dessus du style de la simple galanterie et appartient à ce genre de beautés naïves qui font le charme éternel de notre belle langue. Racine a dit :

> Tel en un secret vallon,
> Sur le bord d'une onde pure,
> Croît à l'abri de l'aquilon,
> Un jeune lis, l'*amour de la nature*.

On a comparé autrefois Voiture à Marot, sans doute parce qu'ils ont traité tous les deux des sujets de badinage et d'agrément; mais ce rapprochement ne saurait s'étendre jusqu'à la diction. Marot part de la nature directement; c'est elle-même qui lui a dicté le petit nombre de vers charmants qu'on a retenus de lui, et qui vivront autant que la langue. Voiture est au contraire toujours dans le bel esprit, et c'est plutôt le hasard que son propre sentiment qui lui a fourni quelques traits heureux. Ainsi, le nouveau langage aura à traverser toute une région de fadeur et de galanterie pour retrouver la simplicité. En observant le cours de toutes ces fausses marches, on voit déjà par avance quelle succession variée de tentatives et d'expériences le style aura traversée avant d'atteindre à la perfection.

Mais il est une question qui se présente au sujet de Voiture, et qu'on pourrait être tenté de considérer, sur l'apparence, comme une des causes qui ont contribué à la formation du style. On sait que la littérature espagnole fut en grande vogue à une certaine époque du XVII° siècle, et que quelques écrivains du temps imitèrent plusieurs de ses productions. Mais, s'il est vrai que cette influence ait agi sur l'ensemble des écrits, nous ne pensons pas qu'elle puisse être rangée parmi les éléments du langage.

De ce que nos poëtes ont emprunté à l'Espagne, à une époque particulière, des canevas de pièces ou de romans, on ne peut conclure de là que le goût espagnol se soit emparé de nos lettres, au point de descendre jusqu'aux détails mêmes du discours. Pour aller dès l'abord au fond de la

question, citons un exemple des plus connus , le roman de
Gil Blas. Lesage a pu bien emprunter à l'Espagne ses personnages, ses aventures et même le nœud de son intrigue, mais
il n'en demeure pas moins avéré que le génie de notre langue
n'a rien produit de plus excellemment français que le style
de *Gil Blas* , dont le tour comique incomparable ne doit
rien assurément à l'Espagne.

Que dans un temps où la langue admettait tous les genres
d'affectations, pour fuir la bassesse et la familiarité, Voiture,
qui avait comme on sait voyagé en Espagne, imite , traduise
même presque littéralement dans quelques unes de ses
lettres les plus affectées certains auteurs espagnols dont
on connaît à peine aujourd'hui les noms, ce n'est pas une
raison suffisante pour dire que le style français soit jamais
devenu espagnol. Au commencement du XVIIe siècle , on
imitait beaucoup les Italiens ; le curieux volume publié sur
les emprunts de Desportes en est la preuve[1]. Mais a-t-on
jamais songé à dire pour cela qu'il y eût de l'italien dans
la poésie française ?

Ce n'est pas pour quelques pointes ou même pour
quelques figures venues d'Espagne ou d'Italie , rejetées
aussitôt qu'introduites, ou transformées au point de perdre
la marque de leur origine, que l'on peut croire qu'un style
a subi l'influence d'un autre. Ce n'est pas là pour nous une
vaine question de point d'honneur national, mais nous parlons pour le génie propre de notre langue.

Plusieurs de nos grands traits, comparaisons, tournures ,
expressions figurées , viennent assurément de l'antique ;
nous aurons bientôt à noter cette influence. Mais les lettres
étrangères ne nous ont cédé aucun de ces traits essentiels
qui constituent le caractère d'un style. Leur goût a pu se

---

[1] *La Rencontre des Muses de France et d'Italie.* Lyon, 1604.
Ce livre indique les emprunts faits par Desportes aux sonnets
italiens qui sont mis en regard des sonnets français.

faire parfois sentir dans certains accessoires, se mêler même aux singularités de la langue arbitraire des cercles et des ruelles, mais il n'a jamais pénétré jusqu'au fonds gaulois.

Nous essaierons d'appuyer notre sentiment sur un exemple particulier. On lit dans un des madrigaux de la *Guirlande de Julie* :

> Les fleurs dont ma main la compose
> Font honte à ces fleurs d'or qu'on voit au firmament[1],

Cette expression des étoiles *fleurs d'or du firmament*, vient sans doute de l'étranger, on la trouve reproduite dans plusieurs passages des poésies du temps de la fadeur, ou si l'on veut de l'imitation espagnole. Mais en vain elle s'est plusieurs fois représentée, elle n'a jamais été admise par le véritable goût français, non plus que cette autre figure de Voiture : *Les fleurs filles du soleil et de l'aurore qui disputent de l'éclat avec les perles et les diamants*[2]. Ce sont là des beautés poétiques si l'on veut, mais qui ont paru trop éblouissantes et trop éloignées du naturel pour convenir à notre poésie : nous les avons laissées aux poésies étrangères, nous contentant d'ornements plus modestes.

Nous n'avons remarqué dans nos grands auteurs qu'une seule trace de ce qu'on pourrait appeler le goût étranger. Madame de Sévigné dit dans une de ses lettres : « Ce sont « de ces beaux jours de cristal de l'automne[3]. » Mais il faut considérer le genre d'écrit où se trouve cette expression ; elle est jetée au hasard dans une lettre où toutes les hardiesses de l'enjouement sont permises. Elle est d'ailleurs entourée de détails naïfs et simples, et l'on sait qu'un terme

[1] Ce madrigal est de M. de Montausier.
[2] Lettre LXXIII.
[3] A sa fille, 9 octobre 1676.

devient naturel ou affecté suivant les traits qui l'entourent[1].
Dans les jeux d'une lettre, madame de Sévigné a donc pu employer cette expression romanesque, dont elle a su faire une de ces images particulières qui semblent naître d'elles-mêmes sous son heureuse plume ; mais nous ne croyons pas que, dans le style relevé, on pût parler *des beaux jours de cristal de l'automne*, sans tomber dans l'affectation du goût étranger.

C'est donc en France seulement, et non chez d'autres peuples, c'est dans le centre de nos mœurs, de nos sentiments et de nos goûts qu'existent les causes qui ont pu influer sur le caractère de notre langue, et c'est là seulement que nous continuerons de les chercher.

[1] « Pour un mot métaphorique, il faut en donner plusieurs naturels. »
(Le P. Gaichiés. *Maximes sur le ministère de la chaire*, chap. XVI.)

X.

Les changements apportés dans le style par les goûts et les penchants de cette époque, dont nous plaçons le centre à l'hôtel Rambouillet, furent plus marqués encore dans la prose que dans les vers. Pour observer dans cette période la suite des variations du langage, nous sommes dans la nécessité de tirer de la poussière des romans obscurs et décriés, dont on ne prononçait déjà plus les noms qu'en signe de risée du temps de Louis XIV. Il suffit de citer des productions telles que *Clélie*, *Cléopâtre*, *Cyrus*, pour rappeler le mauvais goût du temps. Ces interminables romans ont cependant eu quelque influence sur le renouvellement des lettres et du style.

La Calprenède, que La Harpe met beaucoup au-dessus de mademoiselle de Scudéry pour la conception des caractères, lui est fort inférieur pour le mérite de la diction. On remarque pourtant dans *Cléopâtre* quelques figures brillantes, quelques expressions vives et fortes [1]. Mais elles existaient

---

[1] Il montre Coriolan sur le point de livrer bataille avec un visage « Que l'esclat du combat animoit d'une couleur esclatante. » Puis, après un discours qu'il prononce pour animer les soldats, il ajoute : « Il semble aux soldats qu'ils voyoient sortir des rayons de feu de « son visage. »   (*Cléopâtre*, t. II, liv. IV, p. 589.)

Il a quelquefois des traits de grâce. Il dit, en parlant de la bouche d'une de ses héroïnes (Candace) : « Sa rougeur faisoit « honte aux ouvrages les plus artificieusement achevez... Elle s'ou-« vroit *comme l'orient à la naissance d'un beau jour.* »
          (*Cléopâtre*, t. III, liv. Ier, p. 45.)

déjà dans le style avant La Calprenède, et le détail n'aurait rien pour nous d'intéressant.

Dans l'*Endymion* de Gombauld, nous pourrions citer aussi, au milieu des descriptions fades, plusieurs images qui se rapprochent des véritables couleurs du style poétique ; ces ornements ne nous offriraient également que le retour des comparaisons empruntées *à l'aurore*, *aux astres*, *aux fleurs*, dont nous avons déjà trouvé le modèle dans les sonnets et les madrigaux de la *Guirlande de Julie*.

Si l'on pouvait mettre des différences entre des productions si méprisées, nous dirions qu'on ne doit pas confondre les romans de mademoiselle de Scudéry avec ceux du même temps, non quant à l'invention qui n'est guère moins répréhensible chez elle que chez les autres romanciers, mais à cause des circonstances particulières où elle fut placée pour écrire. On sait que les romans de mademoiselle de Scudéry ont été en grande partie les interprètes fidèles des inclinations et des pensées qui régnaient à l'hôtel Rambouillet. Au milieu de leurs longueurs, de leurs dissertations sans fin sur l'amour, l'honneur, l'amitié, les passions, qui commençaient dès lors à répandre plusieurs sentiments purs et élevés, ils renferment quelques faits intéressants pour l'histoire des mœurs et celle de la langue.

Il est certain que dans ces assemblées, ces *ruelles*, tout n'était point donné aux jeux de mots ni aux fadeurs du bel esprit. Il s'agitait quelquefois des questions qui touchaient aux véritables mouvements du cœur. Quand on fut revenu aux lois du bon sens ; lorsque au temps de la perfection du goût, on eut à jamais banni le jargon et les sentiments sophistiqués, il fut permis sans doute de se moquer à loisir d'une période antérieure qui avait cru devoir soumettre l'amour et les instincts des passions à des statuts particuliers. Mais il faut songer que des esprits tels que Molière et Boileau étaient encore bien loin d'être formés, au temps où florissaient les sonnets et les romans.

Si l'on se place vers le milieu du xvii° siècle, près de la Fronde et du règne des petits maîtres, à un point où la trace des anciennes mœurs à peine réformées, et l'effervescence des nouvelles, ne pouvaient guère donner cours à la délicatesse et au développement des sentiments purs, on considérera ce penchant à disserter sur l'amour, à en rechercher les détours et les nuances, comme un progrès réel dans les mœurs. L'âme fut mise alors en quelque sorte à découvert; elle commença à prendre part à toutes les actions de la vie. Les définitions des grands sentiments rendirent les esprits plus subtils et plus recherchés, et répandirent dans les entretiens plusieurs locutions nouvelles.

En parlant de *l'Astrée*, nous avons prononcé le mot d'*idéalisme;* nous avons dit que cette influence, pour n'avoir été que secrète et détournée, n'en devait pas moins être rangée parmi les éléments de formation du langage. Ce principe dont on peut aussi marquer certaines traces dans les poésies du même temps, a laissé une empreinte plus vive dans ces récits qui ont eu surtout pour objet le développement des sentiments et la durée des passions.

Parmi les tons si variés qui composent la perfection d'un grand style, on ne saurait sans doute passer sous silence l'accent des passions qui est à lui seul une langue particulière. L'amour a dicté les plus beaux vers de Racine; il a prêté son divin charme à plus d'un trait de Molière et de La Fontaine. C'est peut-être dans certains passages des romans de mademoiselle de Scudéry que cette langue a commencé à faire entendre quelques sons naturels. Ces traits sont, il est vrai, perdus dans la recherche et les raffinements du faux goût; mais on doit les recueillir pour eux-mêmes et sans considérer le genre d'écrits où ils se sont formés.

Le mot de *tendresse* peut être encore considéré comme nouveau dans le style à l'époque où nous sommes; on le trouverait rarement employé par les écrivains des temps précédents, la plupart des poëtes antérieurs ayant été dans

leurs vers plutôt amoureux ou galants que tendres. Ce mot
a pris dans *Clélie* sa signification la plus noble et la plus
juste.

> « Puisque vous me le permettez, Madame, dit Aronce, je diray
> « hardiment que la tendresse est une qualité encore plus néces-
> « saire à l'amour qu'à l'amitié... En effet, une amour sans ten-
> « dresse n'a que des désirs impétueux qui n'ont ny borne ny
> « retenue; et l'amant qui porte une semblable passion dans
> « l'âme, ne considère que sa propre satisfaction, sans considérer
> « la gloire de la personne aimée, car un des principaux effets
> « de la véritable tendresse, c'est qu'elle fait qu'on pense beau-
> « coup plus à l'intérest de ce qu'on aime qu'au sien propre [1]. »

On voit déjà, par ce seul passage et par le trait délicat
qui le termine, qu'un sentiment inconnu jusqu'alors vient
d'être admis dans les mœurs et va donner au langage une
expression nouvelle. Nous marquerons, au milieu des dissertations de *Clélie*, les tournures et les nuances de mots que
ce sentiment a fait naître.

Dans le même entretien, il est question :

> « Des amants qui ne lisent qu'une fois les lettres de leur mais-
> « tresse; de qui le cœur n'a nulle agitation quand ils la ren-
> « contrent; qui ne sçavent ny resver ny soupirer agréablement;
> « qui ne connoissent point une certaine mélancolie douce qui
> « naist de la tendresse d'un cœur amoureux.... »

On s'est moqué plus tard bien justement de ces définitions de l'*amant parfait*, de l'*amour accompli*, etc. Mais
on ne peut nier qu'elles n'aient ouvert à la langue une
source d'expressions tendres qui contribuèrent avec d'autres causes à lui ôter ce qu'elle avait de trop rapproché de
la réalité.

Nous noterons après le mot de *tendresse* celui de *mélan-*

---

[1] *Clélie*, liv. I, p. 214.

côlie , que l'on peut considérer aussi comme une nouveauté du style. Il restera parmi les grâces du langage poétique , et le plus naïf et le plus enjoué de nos poëtes , dans les vers mêmes où il offrira son encens à une divinité contraire , rendra un hommage détourné à cette partie de l'âme qui s'est plus d'une fois éveillée en lui avec tant de charme [1].

Mademoiselle de Scudéry a donné plusieurs définitions de la *mélancolie ;* nous choisissons celle-ci qui offre, au milieu des sentiments tendres, plusieurs expressions neuves et délicates :

« Il n'appartient qu'à une certaine espèce de mélancolie charmante et douce de faire naistre les violentes et les tendres passions dans le cœur d'une dame. Quand je parle d'une belle mélancolique , il ne faut pas qu'on s'imagine que j'entende parler de ces femmes qui ont une humeur sombre , chagrine , désagréable et rude : car je fais une grande distinction de la tristesse à la mélancolie. Au contraire, j'entends parler d'une mélancolie douce et charmante, qui n'est point ennemie des plaisirs, et qui n'est point incompatible avec tous les divertissements galants et raisonnables. J'entends, dis-je, parler d'une mélancolie qui met de la langueur et de la passion dans les regards, qui fait le cœur grand, généreux , tendre et sensible, et qui y met une certaine disposition si propre à aimer ardemment, que qui ne connoist l'amour d'un cœur mélancolique,

[1]
> Volupté, volupté, qui fus jadis maîtresse
>   Du plus bel esprit de la Grèce,
> Ne me dédaigne pas; viens-t'en loger chez moi ;
>   Tu n'y seras pas sans emploi :
> J'aime le jeu, l'amour, les livres, la musique,
> La ville et la campagne, enfin tout; il n'est rien
>   Qui ne me soit souverain bien,
> Jusqu'au sombre plaisir d'un cœur mélancolique.
>
> (La Fontaine, Psyché, II.)

Madame de Sévigné dit dans une de ses lettres à sa fille :

« Je n'ai pu m'empêcher de pleurer à une sarabande que vous aimez. »

ne connoist point l'amour. En effet, je soutiens qu'un amant qui connoist toute la délicatesse de cette passion, trouvera plus de plaisir à voir dans les yeux de la personne qu'il aime un certain esclat languissant et passionné, que tout l'enjouement des yeux d'une personne gaye ne luy en sçauroit donner[1]. »

Nous noterons dans cette page, qui n'a rien des longueurs ordinaires du style de *Clélie*, ces heureuses expressions de *la mélancolie qui met la passion dans les regards*, *qui fait le cœur tendre et sensible*. Ces tournures simples et vraies s'accordent bien avec l'abandon naturel aux inclinations de l'âme. A propos des derniers traits de ce passage, nous rappellerons que Molière a mis aussi un peu de sérieux dans des traits que du moins à une certaine époque de sa vie il a dû peindre avec délices[2].

La vraie langue des sentiments nous paraît reproduite avec non moins de finesse que de vérité dans cet autre passage que l'on voudra bien nous permettre de citer sans l'abréger. On songera que nous recherchons là les origines du style simple et naturel, qui sera celui de *Zaïde* et de *la Princesse de Clève*, et peut-être même quelques-unes des premières nuances de la langue de *Bérénice*.

[1] *Clélie,* tome III, liv. III, p. 1182.

[2]
CLÉONTE.

Sa conversation est charmante.

COVIELLE.

Elle est toujours sérieuse.

CLÉONTE.

Veux-tu de ces enjouements épanouis, de ces joies toujours ouvertes ? Et vois-tu rien de plus impertinent que des femmes qui rient à tout propos?

(Le Bourgeois gentilhomme, acte III, scène x.)

On sait que Molière a fait le portrait de sa femme dans celui de Lucile.

« Quand une femme un peu mélancolique et passionnée reçoit une lettre de la personne qu'elle aime, le cœur luy en bat; elle l'ouvre en rougissant, elle la lit avec attention, et en secret; elle la relit plusieurs fois; et elle en considère jusques aux moindres choses. S'il y a une rature, elle la veut deviner; elle serre soigneusement cette lettre; elle la relit de tems en tems, quoyqu'elle l'ait dans sa mémoire; et elle fait enfin mille choses obligeantes qu'une enjouée ne sçauroit faire..... Y a-t-il rien de si doux que de voir une personne qu'on aime, qui se plaint de n'être point assez aimée, et qui vous donne par-là une très-sensible marque d'amour. Elle vous montre son cœur peu à peu, et quand elle vous le montre tout entier, vous avez la satisfaction de n'y voir rien que vous. En effet, une mélancolique passionnée n'a que vous dans la tête. Elle y reporte tout ce qu'elle voit : où qu'elle soit, son esprit est toujours avec celui qu'elle aime; elle se souvient de tous les lieux où elle l'a veu; elle voudroit le pouvoir toujours voir; elle a éternellement cent mille choses à luy dire, qu'elle ne luy dit pourtant jamais; et il se fait en cette sorte d'amour un si agréable meslange de joie et d'inquiétude, qu'elles se succèdent continuellement l'une à l'autre. Car enfin, qu'on ne s'y trompe pas, je soutiens que pour connoistre tous les plaisirs de l'amour, il en faut connoistre toutes les peines... [1]. »

Nous ne ferons point d'observations de détail sur cette page qui montre assez les progrès du style dans ce qui tient au choix des termes et à la délicatesse des sentiments.

Nous pourrions citer beaucoup d'autres traits dans les romans de mademoiselle de Scudéry, sentiments chevaleresques, descriptions brillantes et poétiques, nombreuses définitions de l'amour *intellectuelle* déjà données par d'Urfé et que les romanciers venus après lui ont renouvelées et approfondies. Mais, fidèles à notre marche, nous devons chercher dans ces productions seulement ce qui touche essentiellement à la progression du style.

[1] Tome VI, liv. III, p. 1138.

Nous dirons donc qu'en passant par les romans de mademoiselle de Scudéry, le style a su s'élever du ton de la galanterie au langage de la passion vraie. Tel est le nouveau progrès qu'il vient d'accomplir. Cette transformation a été marquée par mademoiselle de Scudéry elle-même, qui dit dans un de ses écrits, après avoir indiqué ce qui sépare les choses de sentiment de celles de la simple galanterie : « La plupart des lettres d'amour ne sont pas trop propres à l'inspirer, et Voiture lui-même a été mille fois plus admirable en lettres galantes qu'en véritables lettres d'amour [1]. » Ainsi l'auteur de ces définitions nouvelles a senti le progrès que ses romans ou plutôt les mœurs de son temps avaient fait faire au style : il n'était que galant avec Voiture, il est devenu passionné dans ces compositions romanesques.

Mais les romans n'ont pas seuls agi alors sur le langage; d'autres faits, qui dépendent également de l'hôtel Rambouillet, eurent aussi leur influence. On conçoit que le goût eut souvent lieu de s'offenser de ces jeux de ruelles, de ces bouts rimés, de ces lettres imaginaires, de ces *portraits*, qui furent pendant un temps en grande faveur. Cependant, au milieu de tous ces efforts de l'esprit et même du faux bel esprit, la langue, qui était le but de tous ces exercices, devenait par degrés plus déliée, plus mobile, prenait de l'à-propos et cet air du monde qui perfectionne tout. Dans ces cercles, où les lettres régnaient seules, on inventait chaque soir des expressions neuves, des tournures éloignées du vulgaire. Dans ces termes affectés, souvent même inintelligibles, il s'en trouvait parfois quelques-uns d'heureux qui passaient d'eux-mêmes dans les écrits. D'ailleurs, ces entretiens, qui tenaient autant du livre que de la causerie, ne roulaient pas tous sur des points de galanterie; on y traitait aussi les matières les plus graves [2].

[1] *Conversations nouvelles*, 1684, t. II, p. 508.

[2] « Cinq personnes, à savoir mademoiselle de Beaumont, mademoiselle Bertaut, ma sœur vulgairement nommée Socratine à

Il y eut dans l'histoire des lettres, au xvii° siècle, un point remarquable où elles se virent l'objet d'une sorte de penchant général qui, pour tenir un peu de l'engouement, n'en eut pas moins des effets heureux. On vit tous les esprits menés par des femmes s'émouvoir pour des questions de goût; des princes, des femmes du plus haut rang, se former en partis entre deux sonnets. Le règne des écrivains commença alors dans les cercles. Voiture fut véritablement l'idole des plus nobles maisons. Dans le même temps, il est vrai, Corneille vivait dans l'abandon ; mais il ne faut voir ici que le trait des mœurs, et penser que, quelques années auparavant, on ne craignait pas d'offrir un louis d'or à Guy-Patin pour prix de ses bons mots.

Une fois introduits dans les compagnies, les écrivains sortirent d'eux-mêmes de la condition basse et obscure où les avait trouvés Richelieu. Les lettres prirent le rang noble et relevé qui leur est dû, et ce nouvel état de prospérité servit aussi à ennoblir le langage.

Cependant, on sait que ces femmes, qui avaient fait leur occupation principale des œuvres de l'esprit et des soins de la diction, les *prétieuses* enfin, puisque tel fut le nom particulier qu'elles reçurent, ne se contentèrent pas de se mettre en commerce avec les auteurs et de s'ériger en tribunal du goût, elles voulurent aussi opérer un renouvellement dans le style et avoir un langage qui leur fût propre. On vit donc

cause de sa sagesse, M. de Chandenier, M. de Comminge et moi, eûmes l'honneur d'accompagner la reine en cette promenade. La conversation y fut agréable et libre, et nous pouvoit apporter quelque profit. Nous parlâmes de ce que l'on doit à Dieu par obligation, et de ce que l'on donne aux créatures par inclination. Nous considérâmes à combien de grandes choses ce devoir nous engage et à combien de maux cette inclination nous expose. Après avoir examiné ces deux chapitres, nous trouvâmes que nous ne donnions rien à qui nous devions tout, et que nous donnions tout à qui nous ne devions rien. »

(Mémoires de madame de Motteville, 1648.)

s'introduire dans les ruelles et dans certains écrits un style nouveau qui fut désigné sous le nom de *langage prétieux*. Malgré la singularité de cette tentative et sa chute si prompte, nous devons voir quelles en furent les suites, car c'est encore là une des variations du style.

Disons d'abord, quant à la langue prise en elle-même, qu'elle s'altéra, se corrompit dans cette voie nouvelle et tomba dans ce faux et ridicule jargon, si justement frappé par Molière. Qu'une compagnie de femmes et de beaux esprits voulût de son plein gré introduire des locutions marquées au coin de la dernière affectation, désigner par les termes les plus raffinés les choses du monde les plus simples, rien n'était mieux fait sans doute pour révolter les esprits amis du naturel et du bon sens. Le *Dictionnaire des Prétieuses* de Somaize, qui compose à peu près toutes les archives de cette cour singulière, nous a conservé quelques-uns de ses arrêts. La plupart ne tendent à rien moins qu'à substituer aux simples lumières de la langue les subtilités du faux esprit. Les maximes des prétieuses sur les pensées *qui ne doivent pas être entendues de tout le monde*[1] ont dû attirer d'abord sur elles tous les traits de la raillerie. Cependant, ici comme dans la plupart des réformes, l'erreur exista plutôt dans l'application que dans les principes.

Ainsi ces femmes, si amoureuses des termes nobles et du beau langage, dont elles n'avaient guère encore que l'exemplaire idéal, n'avaient été conduites à vouloir créer un nouveau style qu'en haine de l'ancien[2]. Elles craignaient sur-

---

[1] « Elles sont encore fortement persuadées qu'une pensée ne vaut rien lorsqu'elle est entendue de tout le monde, et c'est une de leurs maximes de dire qu'il faut nécessairement qu'une prétieuse parle autrement que le peuple, afin que ses pensées ne soient entendues que de ceux qui ont des clartez au-dessus du vulgaire. »

(*Le Grand Dictionnaire des Prétieuses*, 1661, t. II, p. 10.)

[2] « Elles font une guère continuelle contre le vieux langage, l'an-

tout le retour des anciennes formes et des mots surannés ; or, on ne peut nier que, dans un temps où la nouvelle langue était à peine affermie, il n'y eût dans cette crainte un zèle louable qui ne devait cependant pas être poussé jusqu'à vouloir dénaturer la langue.

Nous remarquerons aussi que, parmi les expressions citées par Somaize comme appartenant à la langue des prétieuses, le plus grand nombre, il est vrai, est digne de l'entretien de Cathos et de Madelon, mais il en est pourtant quelques-unes qui ont été mises au rang des délicatesses de la diction. Ainsi, celle des *prétieuses* qui a dit la première pour : *avoir de la mélancolie, avoir le front chargé d'un sombre nuage*[1], a trouvé là une des plus nobles figures de la poésie. Plus d'une métaphore heureuse a pris ainsi sa source dans le style prétieux, sans qu'on en ait souvent soupçonné l'origine.

Mais il est un passage du dictionnaire de Somaize[2] qui montre que les prétieuses ne s'attachaient pas seulement aux expressions fades et galantes, et cherchaient à créer aussi des termes énergiques. C'est là un des faits les plus remarquables peut-être de l'histoire de l'hôtel Rambouillet. La vigueur romaine était admise dans les ruelles aussi

cien stile, les mots barbares, les esprits pédants et les modes passées.» (*Le Grand Dictionnaire des Prétieuses*, t. I, p. 133.)

« On dit qu'il y a une religion parmi elles et qu'elles font quelque sorte de vœux solennels et inviolables... Le premier est de subtilité dans les pensées ; le second est de méthode dans les désirs ; le troisième est celui de la pureté du style. Pour avoir quelque chose de commun avec les plus parfaites sociétés, elles en font un quatrième qui est la guerre immortelle contre le pédant et le provincial, qui sont leurs deux ennemis irréconciliables. Mais pour enchérir encore par-dessus cette dernière pratique, elles en font un cinquième qui est celui de l'extirpation des mauvais mots. » (*La Prétieuse ou le Mystère des ruelles*, 1656, t. I, p. 192.)

[1] *Dictionn. des Prétieuses*, t. II, p. 42.
[2] Id., t. I, p. 148 et suiv.

bien que la douceur et la tendresse. Il y avait toujours quelque chose de digne et de fier au fond de ces soupirs : ce trait du caractère de la fondatrice n'a point échappé à Fléchier [1].

Dans ce passage du dictionnaire de Somaize qui affecte la forme du dialogue, une des prétieuses, attaquée sur sa langue par un des interlocuteurs, entreprend de prouver que les locutions de cette langue se retrouvent dans le style de Corneille et elle choisit pour preuve *Œdipe*, qui est la dernière pièce que ce poëte ait composée. Suivant les règles de l'allégorie, qui est une des bases du style prétieux, *Œdipe* est désigné sous le nom du *criminel innocent* et Corneille sous celui de *Cléocrite l'aîné*.

L'adversaire des prétieuses, ayant cité un passage de la préface d'*Œdipe* où Corneille parle, à propos de Fouquet, des hommages que la plupart des auteurs ont rendus « à ce concert éclatant de rares qualités et de vertus extraordinaires, » celle des prétieuses qui lui tient tête cite ce *concert de qualités et de vertus* comme une des particularités du langage prétieux. Ce terme est élégant et noble et sera souvent employé par les écrivains du règne de Louis XIV et l'on doit avouer que si les prétieuses avaient toujours aussi bien choisi, loin de nuire à la diction, elles lui eussent rendu d'utiles services.

La même prétieuse cite ce vers :

J'ay pris l'occasion que m'ont faite les Dieux :

pour dire que m'ont *présentée* les dieux.

On sent assez qu'il y a dans la première locution quelque

---

[1] Il dit, en parlant de la marquise de Rambouillet :

« Ce nom qui renferme je ne sais quel mélange de la grandeur romaine et de la civilité françoise. »

(Oraison funèbre de madame de Montausier.)

chose de concis et d'énergique qui est bien dans le génie de la langue.

Elle cite aussi ces deux autres vers :

> A ce terrible aspect la reine s'est troublée,
> La frayeur a couru dans toute l'assemblée.

« N'est-il pas vray, ajoute-t-elle, que cette manière n'a rien de commun, et qu'il est nouveau de s'exprimer comme il fait par ce dernier vers : *La frayeur a couru*, etc., pour dire la frayeur a saisi tous les cœurs de ceux qui estoient présents, etc. »

Nous n'ajouterons rien à cette réflexion pleine de justesse qui prouve que ces femmes singulières, tout en s'abandonnant aux subtilités de la recherche, ne laissaient pas d'avoir du goût sur certains points, et de sentir le mérite des expressions fortes et même naturelles.

Nous avons déjà rappelé qu'une des lois de leur compagnie était de donner à toutes choses la teinte de l'allégorie. Chaque prétieuse, chaque *alcôviste* portait un nom de convention presque toujours emprunté à la Grèce ou à Rome. Quand nous voyons dans cette *clef* du style prétieux que nous a conservée Somaize, la place Royale appelée la *place Dorique;* le faubourg Saint-Germain, la *petite Athènes;* l'Arsenal, le *palais de Jupiter;* l'île Notre-Dame, l'*île de Delos*, etc., nous nous élevons avec raison contre cette fausse mythologie qui eût rendu bientôt le langage inintelligible.

Il est certain cependant que le génie de notre langue, tout en fuyant ce qui sent l'obscurité et la recherche, n'est pas de tout nommer par le mot propre; nous aimons, dans certains cas, à voir éloigner et comme obscurcir un peu le sens de certaines choses, afin d'écarter nous-mêmes les voiles. Le défaut des prétieuses a été de tout couvrir, ce qui a fait de leur langue une énigme. Dans le roman de *la Pré-*

tieuse de l'abbé de Pure, livre si peu lu et qui mérite si peu de l'être, l'auteur dit que dans toutes ces passions infinies, ces dissertations, ces conférences de ruelles, il y a eu du *biais*. Ce mot étrange peut servir à exprimer ce quelque chose de mystérieux et de détourné qui ne messied pas absolument au style dans un genre particulier. Remarquons que ce tour allégorique, *ce biais*, ne sera jamais absolument banni du discours, seulement il changera de caractère.

Ainsi, Voltaire n'a-t-il pas appelé le public français *les Athéniens*; Frédéric II, *le Salomon du Nord*; Lekain, *Roscius*; d'Olivet, *Cicéron*, etc.?... Ces expressions nous plaisent par l'intention fine que leur prête Voltaire; elles nous choquent dans le style préticux, parce qu'elles deviennent le fond même de la langue. C'est ainsi que plusieurs traits de ce langage artificiel de l'hôtel Rambouillet resteront dans le vrai style, mais pour la plupart en se transformant; telle figure grave et recherchée de ce temps-là deviendra un des simples jeux de la galanterie ou de l'enjouement du temps de la perfection.

Enfin, pour recueillir tout ce qui a rapport au renouvellement de la langue pendant cette période curieuse, nous observerons parmi les écrivains de toute espèce, beaux esprits, romanciers, sermonnaires, moralistes, poëtes frivoles, qui affluaient à l'hôtel Rambouillet, certains érudits qui venaient comme ajouter un dernier trait à cet assemblage divers de tant de jugements et de caractères.

Nous n'en citerons qu'un seul, mais qui nous semble pouvoir représenter cette alliance remarquable qui se fit alors entre l'érudition et le bel esprit. Ménage, qui fréquentait assidûment l'hôtel Rambouillet, est le dernier savant où il y ait eu encore quelque chose d'indigeste et de *scaligerien*, comme l'a dit Balzac. On peut l'appeler le dernier des commentateurs. Après lui commence cette race si précieuse d'érudits modernes, d'où sortirent au XVIIe siècle les Huet, les Bayle, les La Monnoye, et dans le siècle suivant les De Brosses et les Sainte-Palaye, esprits fins et justes qui surent joindre à la profondeur du savoir cette urbanité délicate qui est restée comme un des signes de l'érudition française.

On sait que Ménage composait encore au XVIIe siècle des vers grecs et latins, mais il s'essayait aussi parfois à des vers français. De plus, si l'on en juge par ses propres aveux, il mêlait à son érudition une certaine bonhomie qui annonçait en lui les progrès du goût [1]. On aime à voir celui que l'on a appelé *le Varron français* laisser, pour nous servir d'une expression rendue célèbre par Racine [2], son grec et son latin à *la porte* de l'hôtel Rambouillet pour venir se mêler à ces propos ingénieux et variés, qui ne pouvaient que gagner à se nourrir d'érudition.

Le nom de Ménage tient d'ailleurs à l'histoire du style par d'autres liens que ceux de son propre mérite : c'est à lui que madame de Sévigné a adressé ses premières lettres. Elle lui dit dans un billet daté de 1655 : « Je veux parer mon « esprit de toutes sortes de belles choses, afin qu'il ne vous « ennuie pas d'y demeurer. » Ce seul trait ne suffit-il pas pour immortaliser un nom ?

Des esprits tels que Ménage devaient plaire à des femmes enjouées, pénétrantes, douées de tant de qualités supérieures, telles que mesdames de Sévigné, de La Fayette et d'autres, qui savaient tirer parti de ces érudits de profession.

[1] « J'ai toujours fait beaucoup de cas de ceux qui savent le grec : car, sans cette langue, on ne peut être que savant à demi... Pour moi, j'avoue que je n'entends pas assez Pindare pour y prendre du plaisir, et que je n'ai jamais lu le grec d'aucun auteur sans en avoir lu la traduction. » (*Menagiana*, 1715, t. III, p. 61.)

[2] « Il (P. Corneille) venoit, disciple docile, chercher à s'instruire dans nos assemblées, laissoit, pour nous servir de ses propres termes, ses lauriers à la porte de l'Académie. »
(Discours prononcé à l'Académie françoise par J. Racine, pour la réception de Th. Corneille.)

Elles s'en moquaient parfois, n'en doutons pas, mais elles s'en servaient aussi comme d'utiles répertoires qui leur ouvraient de nombreuses sources de lectures, les poëtes et les conteurs de tous les âges, histoire, morale, sermons, livres sacrés, livres profanes, et formaient ainsi le fond de cette heureuse bigarrure qui devait bientôt répandre tant de charme et de variété dans ces lettres enchanteresses.

Ces libres échanges de penchants et d'études, ces raffinements, ces délicatesses, qui ont succédé au travail de la correction et aux contraintes de la fausse éloquence, semblent annoncer le prochain achèvement du langage. Les poëtes, les orateurs, les savants, les femmes mêmes, auxiliaires si utiles en matière de goût, ont réuni leur zèle pour donner au style de nouvelles perfections. On ne peut nier qu'il n'y ait eu dans cette période de l'hôtel Rambouillet une ardeur et comme une vie particulière répandue dans les lettres qui a servi particulièrement à renouveler la diction.

Il est vrai que tant d'efforts n'ont guère abouti jusqu'alors qu'au verbiage et au faux esprit; mais, sous ces formes subtiles et passagères, les qualités réelles du style n'en subsistent pas moins. Nous avons déjà dit que, même au temps de la fadeur, le bon sens et la solidité ne se perdraient pas. Le règne du jargon a dû cependant retarder la constitution définitive du vrai style; aussi avons-nous à voir maintenant ce que la langue eut à faire pour réparer le dommage que, tout en lui apportant des qualités nouvelles, ne laissèrent pas de lui causer dans plusieurs parties les prétieuses et l'hôtel Rambouillet.

XI.

On ne sera pas surpris sans doute de voir certains genres exclus de cet essai qui ne saurait être considéré en rien comme un tableau des lettres au XVIIe siècle. Nous avons dû, suivant les nécessités du sujet, nous attacher seulement aux productions qui ont pu nous fournir quelques faits relatifs à la progression du style.

S'étonnera-t-on, par exemple, que nous n'ayons pas recherché les développements du langage dans l'histoire, si l'on voit ce qu'ont été la plupart des historiens du temps de Richelieu, compilateurs négligés et rampants, dont le style s'est à peine élevé au-dessus de celui des dépêches? Mezeray, qui est presque le seul historien de cette période dont on ait retenu le nom, est rempli de tant d'incorrections et de trivialités, qu'il semble avoir écrit vingt années avant les écrivains du même temps.

Il en est de même pour le théâtre; pouvions-nous rechercher les progrès du style dans le théâtre de Hardy, ou même dans d'autres pièces plus estimables sous le rapport de la conduite et de l'action, mais dont la diction n'est guère plus pure ; la *Sophonisbe* de Mairet, par exemple, ou la *Marianne* de Tristan?

Mais pourquoi le style a-t-il souvent fait plus de progrès dans tel genre secondaire ou familier que dans les genres plus importants et plus graves? Pourquoi telle expression neuve, telle tournure hardie est-elle plutôt partie d'une épigramme perdue ou d'un sonnet oublié, que de l'histoire, de la chaire, ou du théâtre? Ce fait a sans doute ses raisons, mais nous ne saurions les rechercher ici.

Cependant, il est une gloire de la période qui a précédé le règne de Louis XIV, que l'on doit attendre avec impatience, ne fût-ce que comme un juste dédommagement de tant d'écrits médiocres et oubliés qu'il nous a fallu remuer. On comprend que nous voulons parler de Corneille dont nous n'avons fait encore que signaler l'apparition, en rappelant la critique du *Cid*. Mais on comprend aussi qu'une analyse particulière du style de Corneille ne saurait trouver place dans ces recherches. Nous devons observer seulement la part que ses beautés ont pu avoir à la formation générale de la diction.

Ce mot de *formation* ne s'étend pas pour nous jusqu'à l'analyse même de la perfection du langage. Or, s'il se présente dans la période d'accroissement un génie d'un ordre tel, qu'il surpasse tous les autres, et anticipe, en quelque sorte, sur l'âge des chefs-d'œuvre, il doit échapper à nos recherches, et nous ne saurions mieux faire que de nous en remettre pour lui, comme pour les grands écrivains qui ne tarderont pas à se présenter, à l'admiration générale.

C'est ainsi que nous devons traiter toute la belle partie du génie de Corneille. La vraie langue est déjà faite et accomplie dans les grands morceaux de ses chefs-d'œuvre. En relevant les beautés qui les parent, nous risquerions de noter, au lieu des qualités générales de la diction, les effets propres au génie du poëte.

Ainsi, pour ne citer qu'un seul exemple, croit-on que l'opposition sublime que renferme ce vers si connu :

> Et monté sur le faîte, il aspire à descendre,

puisse être regardée comme une des richesses particulières de la langue du temps de Richelieu ou même d'Anne d'Autriche? Qui ne sent que le génie de Corneille est là tout entier? De même pour tant d'autres beautés que nous pourrions citer.

Dans un prosateur ou dans un poëte oublié, nous essayons de signaler des expressions ou des tournures qui nous semblent être la production du goût nouveau. Ces traits n'étant pas en rapport avec la médiocrité du génie de l'écrivain, on peut croire qu'ils appartiennent au fonds même de la langue qui les a comme laissés croître au hasard. Mais dans un écrivain tel que Corneille, outre que la recherche des sources de la diction serait infinie, elle serait même contraire aux principes du style des poëtes.

Une fois la langue de Racine, de La Fontaine, de Bossuet achevée, il n'y a plus à revenir aux éléments de la formation de cette langue; il ne faut plus que l'admirer et la sentir. Ainsi pour Corneille : en remontant jusqu'à l'origine de quelques-unes de ses qualités, on trouverait peut-être, dans certains écrits du même temps, la trace de cette force et de cette grandeur qui a été un des caractères de cet immortel génie. Dans la tendresse même, où, malgré l'emphase et la fadeur, la muse de Corneille a eu tant de beaux accents, elle a sans doute fait plus d'un emprunt aux pastorales et aux grands sentiments de l'hôtel Rambouillet? Mais qu'est-ce que ces pièces de rapport dans un tout si magnifique? Quand le style est devenu celui de Corneille, toute analyse doit cesser, pour ne plus voir que la main-d'œuvre du génie.

Mais il est dans la diction de ce grand homme une partie que l'on peut dire inférieure, et c'est celle-là que, par une des lois injustes de notre sujet, nous devons surtout considérer.

Corneille, on le sait trop, n'est pas toujours Corneille. Quant aux défauts de langue, nous nous en remettons entièrement au commentaire de Voltaire : tout en regrettant que le critique ait parfois un peu trop chicané Corneille et mis plus d'ardeur peut-être à relever ses fautes qu'à faire sentir ses beautés , nous regardons cependant la plupart de ses décisions comme dictées par la supériorité du vrai goût.

Sans entrer dans le détail des défauts de Corneille, qui sont assez connus, enflure, fadeur, figures gigantesques, tournures forcées ou obscures, termes surannés, etc., nous nous demanderons si les ressources du temps , la sagacité des grammairiens, la délicatesse de plusieurs beaux esprits, même les sublimes instincts d'un si grand poëte, suffisaient pour détruire entièrement les taches de sa diction.

Cette question se trouvera résolue d'elle-même par la désignation d'un élément nouveau dont nous n'avons pu encore que marquer imparfaitement la trace, mais qui va tenir maintenant une place essentielle dans la suite des progrès du discours. Nous avons déjà parlé du secours que l'imitation de l'antiquité prêterait à la perfection du langage. Nous avons vu que le mérite des anciens était à peine senti à l'époque où parurent les premières traductions. L'antiquité n'a guère été, jusqu'au milieu du siècle, que la ressource de la pédanterie ou l'ornement des fausses inventions de l'hôtel Rambouillet. Nous touchons au moment où ses précieux effets vont enfin se faire sentir. Le vrai sentiment de l'antique, joint aux derniers progrès de la politesse, peut seul donner au style français la dernière correction, la beauté des images et le vrai goût de la simplicité.

Corneille a peu profité des anciens ; il leur a emprunté quelques sujets, mais, si ce n'est dans un certain genre de grandeur romaine, il n'a rien de leurs sentiments ni de leurs images. La plupart de ses beautés sont tirées de son propre fonds et semblent tenir en lui plutôt aux instincts naturels qu'aux ressources de l'étude et du goût. Nous avons remarqué précédemment que ses idées critiques étaient loin d'être de niveau avec la grandeur de son génie. Ses préfaces, ses discours, où l'on remarque toutefois tant de justesse et même d'élévation, se rapportent surtout aux ressorts matériels et à la pratique de l'art du théâtre. Dans un de ses discours, Corneille a parlé du langage, et voici ce qu'il en a dit :

> « La diction dépend de la grammaire. Aristote lui attribue les
> « figures, que nous ne laissons pas d'appeler communément
> « figures de rhétorique. Je n'ai rien à dire là-dessus, sinon que le
> « langage doit être net, les figures placées à propos et diversifiées,
> « et la versification aisée et élevée au-dessus de la prose, mais
> « non pas jusqu'à l'enflure du poëme épique, puisque ceux que
> « le poëte fait parler ne sont pas des poëtes... [1] »

A l'exception du trait de la fin, où l'on reconnaît le génie de Corneille, il serait difficile, sans doute, de démêler, dans ce peu de lignes, la source des beautés des *Horaces* et de *Polyeucte*. Ainsi, les traits de nature, les contrastes, les figures vives et simples que fournit l'imitation des anciens ne se retrouvent point dans les chefs-d'œuvre de Corneille. On sait que Lucain était son poëte favori ; il admirait, ainsi que Malherbe, Stace et Senèque ; il n'a guère cité Euripide que pour relever l'inhabileté de ses dénouements ; il a prononcé à peine le nom de Sophocle, et n'a pas même cité Eschyle.

Ne peut-on pas regretter que Corneille, tout en évitant l'écueil des sentences, dont il avait déjà à se garder en lui-même, n'ait pas connu le charme de cette muse d'Euripide, si attachante et si pathétique, qu'il n'ait pas suivi quelquefois cette divine simplicité dont Sophocle lui offrait le modèle ? Enfin, s'il eût voulu emprunter à Eschyle quelques-unes de ses figures, si hautes et si hardies qu'elles semblent ne plus tenir à la langue des hommes, qui sait ce qui serait arrivé du style français ? On peut dire que toutes ces beautés ont été inconnues à Corneille, et cela n'ôte rien sans doute à sa

---

[1] Premier discours du poëme dramatique.

gloire ; il a prouvé ainsi qu'on peut être grand et sublime dans la langue française sans l'appui de l'antiquité. Mais d'autres génies, différents du sien, auront bientôt à s'ouvrir une carrière différente.

Homère, Euripide, Sophocle, et les poëtes latins les plus purs, Virgile, Horace, Térence, etc., tels seront désormais les maîtres de la diction. C'est à ces sources, qui ne pouvaient être ouvertes qu'à des esprits perfectionnés par les nouvelles lumières du savoir et du goût, que vont être puisées les délicatesses et les beautés du discours. Mais pour voir comment ces beautés devinrent usitées et familières aux écrivains au point de *s'impatroniser* en quelque sorte dans le style, il faut remonter jusqu'aux faits qui ont substitué à la pratique des traducteurs la connaissance des originaux.

Au milieu des divers objets d'examen qui se présentent à nous en foule dans l'ordre des événements littéraires du siècle, nous sommes souvent obligés de reculer certains faits qui sembleraient avoir dû être indiqués depuis longtemps. Telle est l'influence de Port-Royal, qui s'est mêlée à toute l'histoire du siècle. Mais on conçoit qu'il nous faille parfois intervertir un peu l'ordre chronologique pour ne rappeler les faits que suivant le degré de développement du style. Ainsi, nous avons cru devoir attendre que la langue eût déjà accompli une partie de ses *progrès* pour marquer l'influence de Port-Royal, qui s'est fait sentir plutôt sur la maturité de la diction que sur sa première origine.

Mais pour reconnaître ce que ces solitaires illustres ont fait en particulier pour le style, nous séparerons dans leurs écrits ce qui tient à l'histoire générale des lettres de ce qui touche aux détails mêmes de la grammaire et de l'éducation.

Certains écrivains ont parlé quelquefois en termes généraux du *style* de Port-Royal comme ils eussent fait de celui de Pascal, de Fénelon ou de Bossuet. Prétendre que l'abbaye de Port-Royal ait été un centre particulier de perfectionnement pour la langue et le goût, c'est aller à la fois contre la réalité des faits et les vrais principes de l'éloquence. Il est difficile, sinon impossible, qu'un grand écrivain puisse se former dans le sein d'un cloître. Cette pensée ne peut être ici que proposée, mais on l'admettra sans doute. Ainsi, Pascal a vécu à Port-Royal, mais ce n'est point là que s'est formé le génie incomparable qui a écrit les *Lettres provinciales*.

On se souvient de la réponse que fit Arnauld à quelqu'un qui le félicitait sur le style de son neveu Lemaître. « Il a, « disait-il, le style de la maison. » En effet, la plupart des solitaires avaient *le style de la maison*. Mais lorsqu'on met les expressions et les tournures pour ainsi dire en communauté, lorsque plusieurs plumes, si pures et si savantes qu'elles soient, consentent à s'enchaîner à une même règle, il est rare qu'elles puissent conserver la vivacité, l'élan, et surtout ce qui fait la vie du discours, l'originalité.

On a écrit à Port-Royal avec autant de correction que de justesse, dans un temps où ces qualités étaient encore loin d'être répandues, quelquefois même avec noblesse et grandeur, mais rarement avec feu, ni même avec concision. Dans le peu d'écrits d'Arnauld, de Nicole, de Sacy ou de Lemaître, qui ne sont pas de théologie toute pure et touchent à la philosophie ou aux lettres, on trouverait difficilement quelques morceaux d'élite et vraiment éloquents, qui pussent faire entrer le style de Port-Royal en balance avec celui des chefs-d'œuvre.

Mais, si ce style n'eut pas les qualités supérieures de l'ornement et de l'éclat, disons que par ses habitudes de méthode et de netteté, il a servi à constituer en grande partie ce que nous avons appelé le *fond* du style, cette base précieuse de l'éloquence qui a été aussi maintenue par certains sermonnaires et moralistes du même temps. Ainsi, tandis qu'à l'hôtel Rambouillet la langue se parait d'ornements faux et se perdait souvent dans des tentatives hasardeuses, elle conservait entre les mains de ces savants reli-

gieux toute la sévérité de ses formes, et mettait le sceau de
la logique à la réforme entamée par la grammaire.

Cependant il est une autre influence partie également de
Port-Royal, et qui, pour être restée dans un ordre de faits
plus modeste, n'en mérite pas moins d'être notée. On sait que
les solitaires de Port-Royal ne dédaignèrent pas de con-
sacrer l'étendue de leur savoir et la solidité de leurs jugements à l'instruction de la jeunesse. C'est à eux que l'on
dut de voir les premières études se régulariser, le vrai choix
des modèles et la juste succession des lectures grecques et
latines proportionnées aux forces des jeunes esprits devenir
le fondement de l'instruction.

Pouvait-on dire que l'on eût la connaissance exacte des
chefs-d'œuvre anciens, tant qu'on se contentait de l'étude
des lettres latines, sans remonter jusqu'aux lettres grecques,
leurs aînées? Cette étude de la langue grecque n'avait été
jusqu'alors qu'imparfaitement cultivée. Sans vouloir renouveler ici de vieilles querelles, nous remarquerons que les
jésuites ne donnaient en général que peu de soins à cette
partie de l'instruction. C'est un reproche qu'on est en droit
de leur adresser au sujet de Corneille, et peut-être même
de Voltaire. Les écoles de Port-Royal, ennemies de tous
relâchements, mirent au contraire cette étude en honneur.
Ces méthodes, ces petits traités devenus populaires par leur
simplicité même, adoucirent ce que l'étude des lettres grecques pouvait avoir de rebutant pour les jeunes esprits. On
respirait à Port-Royal comme un parfum de saine antiquité.
Ces précepteurs illustres joignaient d'ailleurs au savoir les
agréments du monde et donnaient à leurs disciples la double
culture de l'instruction et du goût[1]. Nous regrettons de ne

[1] « Il y avoit à Port-Royal-des-Champs un petit collége où l'on
recevoit des pensionnaires qui étoient parfaitement bien élevés,
en la crainte de Dieu, aux belles-lettres et en mille sciences qu'on
leur apprenoit, qui sont nécessaires dans le monde, et pour bien
vivre. De sorte que contre l'ordinaire des écoliers, qui sortent fort

pouvoir point extraire des mémoires de Fontaine, des lettres d'Arnauld, et de l'excellent traité de Nicole sur l'éducation, les passages qui renferment les idées des solitaires de Port-Royal sur l'enseignement de la jeunesse. On verrait quel zèle et quelle raison élevée ces esprits, à la fois si simples et si fiers, apportaient à ces délicates fonctions. Ce fut entre leurs mains que l'instruction commença à prendre ce noble caractère de justesse et de loyauté qu'elle a depuis lors conservé.

Nous daterons de la fondation des écoles de Port-Royal et du changement qu'elles opérèrent dans les premières études, la véritable intelligence des lettres antiques, qui va ouvrir à la diction un champ nouveau. On cessa bientôt de goûter les poëtes anciens dans la prose de l'abbé de Marolles ou des autres traducteurs ; on entra en commerce avec les originaux eux-mêmes : alors seulement les détails et les traits particuliers des anciens entrèrent dans le sein même du style français, car on peut dire que l'antiquité ne communique ses secrets qu'à ceux qui la consultent directement.

Mais dans cette période, qui n'est pas encore celle de la vraie langue, les nouvelles études n'ont fait que jeter leurs premières semences : elles ne porteront leurs fruits pour l'éloquence et les lettres que dans la période de la perfection. Toutefois, à l'époque où nous sommes un des jeunes disciples de Port-Royal commence déjà à lire dans le texte Homère, Sophocle et Euripide. Il sera un jour une des gloires du langage français ; il s'appellera Racine.

Grâce à ces précieux effets de l'éducation, à cette solidité du bon sens et des écrits, on peut considérer l'influence de

sots du collége, et à qui il faut du temps avant que de parvenir à la société des hommes et des honnêtes gens, ceux-là, au sortir de leurs études, avoient la même politesse que s'ils eussent été nourris dans la cour et le grand monde. »

(Mémoires de Mademoiselle, 1657.)

Port-Royal comme ayant servi de contre-poids à celle de l'hôtel Rambouillet, sans cependant mettre une opposition trop marquée entre ces deux principes de l'austérité et de la fadeur, qui n'ont jamais été en lutte ouverte dans le siècle. L'influence de Port-Royal n'a pas été assez directe pour agir sur le goût même du public. Ces graves écrits de morale et de théologie, même ces traités de langue n'eussent point suffi pour détruire le règne de la galanterie et du jargon, si une cause plus efficace ne fût venue seconder les progrès du jugement.

C'était au langage à revenir lui-même du faux goût; ou plutôt la mode, qui fait si souvent loi en matière de langue, devait substituer un autre élément actif au principe de l'affectation qu'elle-même avait introduit. La diction va donc se transformer encore une fois, mais cette variation sera la dernière que nous aurons à noter avant l'avénement définitif de la belle langue.

XII.

LE BURLESQUE. LES POÈTES ÉPIQUES.

Passer sans transition des nobles et sévères écoles de
Port-Royal aux poètes burlesques, a quelque chose de brusque et de singulier qui pourrait, dans un autre écrit, donner
l'idée d'une opposition puérile ; mais on voudra bien nous
permettre de négliger certains liens, pour atteindre plus
vite le but que nous commençons à entrevoir.

On sait que le genre burlesque fut en grande faveur dans
les écrits vers le milieu du XVIIe siècle ; nous marquerons
à l'année 1650 le plus haut point de sa vogue. Ses origines
doivent peu nous occuper, et se trouvent d'ailleurs ample-
ment décrites dans *le Mascurat* de Naudé [1] et dans le livre
pédantesque du P. Levasseur, *de Ludicra dictione ;* mais
pour ce qui regarde l'ensemble du style, nous aurons à
marquer, dans le genre burlesque comme dans l'enflure, le
jargon, le pédantisme, et toutes les autres variations du
style, à côté de l'influence funeste, quelque chose aussi de
favorable au perfectionnement général du discours.

Les mauvais côtés du genre n'ont pas besoin d'être rappelés. Rien n'était plus opposé sans doute aux lois du bon
sens et du goût que de voir certains esprits rabaisser le
style au niveau du peuple, dans un temps où le langage
commençait à peine à prendre un peu de délicatesse et
de solidité.

[1] Page 282 et suiv.

Mais tout en faisant au genre pris en lui-même une juste part de blâme, il faut considérer le temps où il parut. Le verbiage de l'hôtel Rambouillet était alors en pleine faveur; après tant de fadeurs, de madrigaux, de termes à double entente, de locutions romanesques et galantes, on pouvait craindre que la langue ayant pris si fortement la teinte de l'allégorie, ne perdît entièrement le goût du naturel. Le burlesque vint à propos peut-être pour ramener à un ton plus simple et plus vrai le style égaré dans les régions du langage sophistiqué, et c'est ainsi que nous aurons à en considérer l'influence.

Il est ensuite un don précieux de l'esprit que l'on ne saurait négliger sans perdre une des nuances, peut-être même un des ressorts cachés du discours. La gaîté, l'art d'exciter le rire, n'est pas seulement une faculté du génie moderne, il jouait aussi un grand rôle dans le discours ancien; le maître de l'éloquence latine lui a consacré plusieurs pages de l'un de ses plus beaux traités [1]. Nous n'osons dire que le genre burlesque, si souvent bas et forcé, ait ouvert parfois une veine de véritable gaîté; mais dans un temps où les passions, sorties des bornes naturelles, donnaient seules le ton, ce genre a comme rappelé cet instinct du rire, si précieux, et qu'on ne saurait séparer en aucun temps du génie français. Peut-être même les écrits burlesques exercèrent-ils quelque influence éloignée sur le vrai style comique : on sait que Molière leur a fait quelques emprunts [2].

Peu de temps après l'apparition de l'*Astrée*, un auteur dont on ne connaît plus guère aujourd'hui que le nom, Sorel, avait publié un roman sous ce titre : *La vraye Histoire comique de Francion*, qui peut se rattacher, du moins par

---

[1] Cicer. *De Orat.*, ii, 54. Suavis autem est et vehementer sœpe utilis jocus, et facetiæ, quæ, etiamsi alia omnia tradi arte possunt, naturæ sunt propria certe, neque ullam artem desiderant.

[2] Les deux scènes des *Fourberies de Scapin* imitées du *Pédant joué* de Cyrano de Bergerac.

l'intention, aux écrits burlesques. Le but de l'auteur semble avoir été d'opposer aux héros fardés et aux fades imaginations de d'Urfé des personnages et des événements empruntés à la classe populaire. Ce dessein de parodier l'*Astrée* est marqué plus clairement encore dans un autre roman de Sorel, le *Berger extravagant*. L'auteur a fait son héros fou de bergerie comme Don Quichotte l'était de chevalerie errante. Mais, suivant l'ordinaire des écrivains qui ne sont pas bien sûrs de leur dessein et entreprennent au-delà de leurs forces, Sorel a donné dans les défauts qu'il prétendait attaquer. En voulant se moquer des romans de bergerie, il a composé lui-même un roman de bergerie et de la pire espèce, car son livre n'a rien de la délicatesse et du brillant de quelques pages de l'*Astrée*.

On peut regretter que ce dessein de faire ressortir les affectations de d'Urfé ne soit pas venu à un meilleur esprit que Sorel; le public eût sans doute ouvert plus tôt les yeux sur les défauts du langage chimérique.

On vit, plusieurs années après, cette opposition aux sentiments romanesques et aux principes de la fausse galanterie se former d'elle-même dans les esprits. Non qu'il faille attribuer aux écrivains burlesques, simples rieurs pour la plupart, n'ayant d'autre soin que de s'égayer eux-mêmes en égayant leurs lecteurs, une intention directe de parodier les fadeurs et le style galant; mais leur genre même ou plutôt les faits qui l'avaient fait naître entraînaient avec eux cette conséquence.

Nous remarquerons que la diction est peut-être le seul point qui mérite d'être excepté dans le juste décri où sont tombés les auteurs burlesques. Ainsi, pour citer le plus célèbre d'entre eux, Scarron a toujours été considéré comme ayant eu à travers ses folies le mérite du naturel et de la gaîté. Le *Roman comique*, qui est presque la seule de ses productions qu'on relise encore quelquefois, est un des rares écrits d'avant l'époque de Louis XIV où le style soit en parfait accord avec le sujet [1]. On sait que le roman ne roule guère que sur des aventures triviales ou bouffonnes prises dans les plus basses classes de la société. Mais le style, tout en suivant la pente du récit, a peu d'expressions incorrectes, point d'affectation, et est même souvent rapide et heureusement coupé.

Nous citerons comme exemple ce début de l'un des premiers chapitres :

« Dans toutes les villes subalternes du royaume, il y a d'ordinaire un tripot où s'assemblent tous les fainéants de la ville, les uns pour jouer, les autres pour regarder ceux qui jouent. C'est là que l'on rime richement en Dieu, que l'on épargne fort peu le prochain, et que les absents sont assassinés à coups de langue. On n'y fait quartier à personne, tout le monde y vit de Turc à Maure, et chacun y est reçu pour railler selon le talent qu'il en a eu du Seigneur. C'est en un de ces tripots-là, si je m'en souviens, que j'ai laissé trois personnes comiques, etc. »

On reconnaît dans ce seul début le ton de la véritable narration. Nous noterons dans ce passage ces phrases composées de trois membres qui enchérissent l'un sur l'autre par un trait nouveau. Cette forme, alors toute nouvelle, est d'un heureux effet dans un certain genre de narration enjouée. C'est ainsi qu'un des écrivains du bon temps, que l'on cite souvent comme un des brillants modèles de l'art de narrer, a dit : « Il étoit Suisse de nation, empoisonneur de profession, et voleur par habitude [2]. »

Le style, avec Scarron, a donc déjà retrouvé une partie du naturel. Nous remarquerons toutefois, en passant, qu'il est

---

[1] « M. Despréaux n'estimoit point les vers de Scarron, qu'il trouvoit bas et burlesques à outrance ; mais il admiroit sa prose et la trouvoit parfaite, surtout dans son *Roman comique*. Il n'y eut jamais de style plus plaisant ni plus varié que celui-là. »

(Bolœana, p. 80.)

[2] Hamilton. *Mémoires de Grammont*, p. 3.

plus aisé d'écrire naturellement dans le genre humble ou plaisant que dans le genre relevé.

Mais en combattant l'affectation, le genre burlesque eut aussi pour effet, sinon de détruire entièrement, du moins d'abaisser en quelque sorte certaines formes outrées qui tenaient à l'étiquette du langage et l'avaient plus d'une fois jeté hors des voies du bon sens et de la vérité. On sait ce que furent la plupart des épîtres dédicatoires au XVIIᵉ siècle, si souvent remplies de traits d'enflure et de louanges immodérées dont on ne trouve que trop d'exemples, même dans les dédicaces de Corneille. Peut-être est-ce aux poëtes burlesques que l'on doit d'avoir les premiers fait sentir le ridicule de ces morceaux d'apparat. On se rappelle peut-être qu'il prit un jour fantaisie à ce fou de Scarron de dédier ses œuvres à *Guillemette levrette de sa sœur*. Cette dédicace se termine ainsi : « Encore que vous ne soyez qu'une bête, « j'aime mieux pourtant vous dédier mes œuvres qu'à « quelque grand satrape, de qui j'irois troubler le repos. » On conçoit qu'une dédicace de ce genre ait pu dégoûter certains personnages du temps de voir leurs noms inscrits en tête des ouvrages d'esprit.

Les portraits étaient une des grandes occupations de l'hôtel Rambouillet ; chacun avait le sien sous un nom grec ou romain. Les romans de mademoiselle de Scudéry en sont remplis ; on épuisait toutes les perfections de la nature et de l'esprit dans ces peintures de convention, qui n'admettaient pas une ombre au tableau. Scarron voulut aussi avoir son portrait, mais il se chargea lui-même de le tracer, et voici en quels termes :

« Mes jambes et mes cuisses ont fait premièrement un angle obtus, et puis un angle égal, et enfin un aigu. Mes cuisses et mon corps en font un autre, et ma tête se penchant sur mon estomac, je ne ressemble pas mal à un Z. »

On ne pouvait guère mieux faire ressortir la fadeur de

ces portraits, où l'on ne rencontrait jamais que *l'abrégé des merveilles des cieux*. Ainsi, au milieu de leurs extravagances, ces écrivains laissaient parfois percer plus d'un trait de raison et raillaient justement certaines affectations du goût et du langage.

Un autre auteur burlesque fort inférieur à Scarron, car le naturel lui a manqué, Cyrano de Bergerac, a eu quelques détails d'expression qui se rattachent aussi à cette satire vague et détournée du faux langage que nous prenons comme le point caractéristique du genre burlesque.

On connaît la *burlesque audace* de Bergerac et les imaginations étranges qu'il a répandues dans son *Voyage dans la lune*. Sans entrer dans le détail de cette extravagante production, nous noterons un certain passage où les héros arrivent dans un pays où l'on ne se nourrit que de vapeurs et de parfums. On se demande si ce pays n'est pas celui de *Tendre* ou de *Petits-Soins*. Mais cette terre vague et subtile n'est inscrite que sur la carte du burlesque. En inventant cette contrée, Bergerac avait en vue, sans doute, certains héros des romans du temps qui, ne vivant que pour soupirer et se plaindre, ne devaient guère avoir de nourriture plus solide.

L'intention satirique est plus claire encore dans la suite du même passage, où l'auteur annonce que dans ce singulier pays, il était permis d'acquitter la dépense de son repas avec un sonnet ou quelque autre poésie :

« Je ne craignois pas de demeurer à court ; car quand nous ferions ici ripaille pendant huit jours, nous ne saurions dépenser un sonnet, et j'en ai quatre sur moi avec deux épigrammes, deux odes et une églogue [1]. »

Ce trait de bouffonnerie n'annonce-t-il pas que le règne

---

[1] OEuvres de Cyrano de Bergerac, 1741.

du sonnet, qui avait tant occupé les esprits, allumé même la guerre civile et répandu dans les poésies tant de pointes, de fadeurs et de fausses mignardises, touchait alors à son terme ?

Nous pensons aussi que ces folles hyperboles de Bergerac, ces figures qui dépassent tout ce que peut concevoir un esprit en délire, ne doivent pas être considérées seulement comme de simples équipées de style. Quand on lit dans les lettres burlesques de Bergerac, qui sont la partie la plus déraisonnable de ses œuvres, au sujet de l'aqueduc d'Arcueil, « *que l'eau, pour s'être entendue cajoler au village, devient* « *si glorieuse, qu'elle veut être portée* » ; quand il appelle l'aqueduc *un arc-en-ciel solide* ou *un grand os dont la moelle chemine*, etc., il faut considérer l'époque où ces traits, partis d'une imagination débordée, divertissaient les esprits. On commençait à rire de ces expressions outrées, mais on sortait à peine du temps où elles avaient été goûtées comme les véritables beautés du style. Certaines affectations de Balzac ou de Voiture auraient pu devenir les figures naturelles du burlesque de Bergerac sans presque changer aucun de leurs détails. Ce rapprochement a, du reste, été saisi par un écrivain du temps, souvent ingénieux [1].

Outre l'influence utile qu'exercèrent, à leur insu peut-être, les écrivains burlesques, ils eurent aussi une qualité par-

[1] Gueret introduit dans un de ses écrits intitulé *le Parnasse réformé*, Balzac et Cyrano disputant sur leur mérite ; Cyrano répond aux attaques da Balzac :

« Puisque la rhétorique a ses figures dont elle nous permet l'u- « sage, puisque chacun a droit de saisir la sienne, peut-on me « blâmer du choix que j'ai fait, et, prix pour prix, mes équivoques « ne valent-elles pas vos hyperboles ? J'ai du moins cet avantage « que l'on rit de mes équivoques ; mais je sai, de bonne part, que « vos hyperboles font pitié....... Tout bien considéré, quand on « voudra nous comparer l'un à l'autre, on trouvera que je me joue « quelquefois et que vous vous perdez presque toujours en vous éle- « vant. » (*Le Parnasse réformé,* 1723, p. 71.)

ticulière qu'ils durent non-seulement à l'humilité du genre, mais aussi à leurs penchants, qui n'étaient pas toujours éloignés d'une certaine finesse. Ils se montrèrent modestes pour la plupart (Cyrano excepté), et surent apprécier leur genre d'esprit pour ce qu'il valait. Il faut leur tenir compte de cette preuve de discernement, qui prouve que du moins l'extravagance n'avait pas détruit en eux le bon sens. En combattant l'emphase, ils surent opposer la simplicité à ces sentiments de vanité littéraire que nous avons vu pendant les périodes précédentes s'opposer aux progrès du goût.

Ainsi, Scarron a dit :

> Moi qui suis un demi-poëte,
> Qui ne travaille qu'en sornette.
>
> . . . .
>
> Hélas ! je n'ai pour toute muse
> Qu'une malheureuse camuse, etc.[1].

Loret dit dans la préface de ses poésies burlesques[2] :

« Je ne me laisse point corrompre à la flatterie de quelques-uns qui disent que ces poésies burlesques ont une douceur fort agréable, et que leur lecture apportera du contentement. Je ne me persuaderai jamais que sans science et sans même la connoissance des moindres principes, on puisse produire des choses qui plaisent, et particulièrement en un temps où les esprits se sont rendus si réguliers, et professeurs d'une si extraordinaire délicatesse. »

D'Assoucy, le moindre des écrivains burlesques, n'a pas hésité à reconnaître les obligations qu'il avait à Scarron[3].

---

[1] Épître à Maynard.

[2] 1647.

[3] « Chacun sçait que je ne suis riche que des trésors que j'ay pillez à vostre génie, et que mes escrits ne doivent pas moins aux vostres la gloire de leur naissance, que vous ne devez celle de vos

Enfin, Le Pays, que nous rangeons parmi les burlesques, bien qu'il n'ait paru que quelques années plus tard, parle dans une de ses lettres des satires de Boileau, où il est maltraité, avec une sorte d'humilité ironique qui n'est pas sans grâce :

« Il est bon qu'il y ait de méchants autheurs pour donner de l'esclat aux illustres. Il est nécessaire que je fasse des vers avec un grand nombre d'autres poëtes, afin de donner matière aux satires de M. Boileau[1]. »

Remarquons, du reste, que ces auteurs, depuis si justemént décriés, étaient loin d'être l'objet des mépris de leur temps ; à l'exception de quelques censeurs rigides, on se prêtait volontiers aux libertés de leur genre : il semblait que l'on trouvât dans leur humeur folle non-seulement un divertissement, mais aussi une diversité utile pour les penchants et les goûts. Nous rappellerons comme un trait de mœurs curieux et remarquable, que l'un des hommes les plus savants du siècle, Huet, visitait Scarron, et a lui-même laissé dans un de ses écrits le témoignage du plaisir qu'il trouvait dans l'entretien du poëte[2]. Le grave Huet, le futur évêque d'Avranches chez Scarron ! Saisissons ce rapprochement pour observer quels heureux et faciles rapports exis-

divins ouvrages à vous-même ; aussi ma langue ne désavouera jamais ny ce que je tiens de vostre plume, ny ce que je doibs à vostre générosité. »

(A M. Scarron. — *Poësies et Lettres de D'Assoucy*, 1653, p. 161.)

[1] Les nouvelles œuvres de M. Le Pays, 1738, I, 108.

[2] « Novum scribendi genus invenerat Paulus Scarro perfacetum summæque amœnitatis, atque ita mentes omnium jocis suis permulserat, ut elegantiorum virorum ac mulierum cœtus Scarronis nomine personarent... Ergo ad eum introductus sum ab amicis plurimumque ejus facetiis et salibus delectatus sum. »

(*P. D. Huetii comment. de rebus ad eum pertinentibus*, 1718, p. 217.)

taient alors entre les esprits les plus divers ; ainsi, tous se communiquaient, tous se rencontraient. L'étiquette et le faste n'élevaient point de barrière entre la gravité du plus profond savoir et l'enjouement du plus fou des poëtes ; le naturel et la simplicité étaient partout, et ces libres communications devaient mettre chaque jour dans la diction quelques nouveaux traits d'agrément et de variété.

Mais tandis que certains poëtes se consacraient entièrement aux jeux d'un genre humble et facile, d'autres rêvaient des destinées bien différentes, et n'ambitionnaient rien moins que les palmes de l'épopée, si souvent poursuivies dans notre langue, et si rarement atteintes. On sait trop quels furent les poëmes épiques qui parurent avant Louis XIV ; leur fortune malheureuse est inscrite tout entière dans les vers de Boileau. Nous ne reviendrons pas sur les causes de leur chute, mais nous avons à les considérer aussi sous le rapport du style.

Dans le cours du développement de la langue poétique du xviie siècle, on peut noter un point où elle eut pour caractère principal la douceur et la mollesse : elle devint, sous l'empire de la fadeur, languissante et efféminée, d'énergique et fière qu'elle avait été à son début. Un auteur du temps de Louis XIV a dit naïvement que les vers français *sont quelquefois trop charmants*, et ce qu'il dit des vers en général peut s'appliquer surtout à ceux de cette époque [1].

Mais on vit bientôt la langue poétique dissiper elle-même autour d'elle la langueur et l'assoupissement pour reprendre ses qualités natives de force et d'élévation. On ne peut

[1] « Que si vous me demandez pourquoy les vers françois lassent ou assoupissent quelquefois ceux qui les lisent ou les entendent, je vous répondray que cela vient de deux causes, de la douceur qui les accompagne, et de l'excès qu'on en fait ; en un mot, qu'ils sont trop charmants, et, qu'au lieu d'en user sobrement, comme d'une chose précieuse et divine, on en fait débauche pour parler ainsi ; et que nous autres François, abusant de la facilité que nous

dire que les poètes épiques aient eu en rien la véritable grandeur du langage, car le faux goût exclut toute grandeur réelle ; mais ils l'ont cherchée, ils l'ont sentie peut-être , et il faut leur tenir compte de cette intention dans un temps où la douceur et la galanterie semblaient être les seuls moyens de plaire.

Ainsi , on lit dans une dissertation placée en tête d'un de ces poëmes oubliés [1] cette définition de l'amour :

« Les amours qui entrent dans le poëme doivent être des amours de héros et d'héroïnes, et non pas des amours de coquets et de coquettes... Qu'ils ayent des colères hardies et des jalousies entreprenantes ; que leurs afflictions mesmes soient honnêtes et résolues ; que leur désespoir mesme ait une fierté qui étonne, ait une élévation que l'on admire... Les amours héroïques sont des amours d'aigles. »

Quand on rapproche ces pensées énergiques du style de l'hôtel Rambouillet, on ne regrette pas de voir ces traits de vigueur mis en quelque sorte en balance avec ces fades amours , qui n'affaiblissaient que trop souvent l'expression de la vraie tendresse.

Après avoir donné du poëme épique une définition que le goût ne saurait entièrement approuver, le P. Le Moyne ajoute :

« Voilà l'étendue et la hauteur d'esprit que demande le poëme épique. Loin d'une besogne si vaste et si élevée, si pompeuse et si magnifique, l'esprit de stances et d'épigrammes... Le plus bel

avons d'entendre notre poësie , nous ressemblons à ces enfants qui tètent et qui prennent tant de lait à la fois qu'ils s'endorment sur le sein de leur nourrice. »

(Le Laboureur. — *Avantages de la langue françoise sur la langue latine*, 1669, p. 50.)

[1] Le poëme de *Saint Louis* du P. Le Moyne, 1672.

esprit du monde ne suffit pas au poëme héroïque, s'il n'est accompagné de l'esprit qui fait l'emportement et l'enthousiasme. »

On voit assez par là que la fadeur ne s'était pas emparée de toutes les parties du style ; le poëme de *Saint Louis*, au milieu de tout le mauvais goût qu'il renferme, et que La Harpe a si justement relevé, offre çà et là quelques beaux vers composés dans ce goût de l'énergie, qui a si souvent conduit le père Le Moyne à l'enflure, mais parfois aussi à une élévation véritable.

Nous citerons deux de ses comparaisons :

> Le sanglier écumeux que le chasseur attend,
> Contre le tronc d'un arbre éprouve ainsi sa dent :
> Ainsi le fier taureau qui s'appreste à la guerre,
> Frappe l'air de la corne, et du pied bat la terre ;
> Ainsi, le chien courant veut partir de la main
> Au premier vent qui sort d'une corne d'airain ;
> Il chasse de la voix, il saute, il se tourmente,
> Et ses yeux devant luy courent la beste absente [1].

Nous remarquerons le tour mâle et ferme de ces vers, et surtout la hardiesse du dernier trait, qui présente une image d'une incontestable beauté.

On notera des traits du même genre dans cette autre comparaison :

> De même en ces déserts où l'Afrique hâlée,
> Des ardeurs du soleil en tout tems est bruslée,
> Le courageux lion, dans un parc enfermé,
> Après avoir en vain force et voix consumé,
> Et battu sans combat, se couche sur le sable,
> Perd de ses yeux changez l'éclat épouvantable ;
> Et semble en soupirant, se plaindre de son sort

[1] *Saint Louis*, liv. Ier.

Qui lui donne une lasche et languissante mort.
Mais de si loin qu'il voit venir un adversaire,
Son audace éveillée éveille sa colère :
La lueur de l'acier dans ses yeux, dans son cœur,
De ses feux assoupis rallume la chaleur ;
Et sa terrible voix répond d'un long tonnerre
Au bruit que fait sa queue en l'air et sur la terre [1].

Bien qu'on puisse relever dans ces vers plus d'un terme emphatique, on doit reconnaître qu'ils ont dans leur ensemble un caractère poétique et élevé. Parmi ces traits épars de grandeur et de gravité que nous cherchons à recueillir dans cette période, nous placerons aussi les vers de *la Pucelle* de Chapelain sur la Trinité, que l'on a cités quelquefois [2], et qui ont quelque chose de noble et de majesteux. Nous citerons surtout Brebeuf, qui peut être, malgré son titre de traducteur, rangé parmi ces poëtes. *La Pharsale* contient plusieurs morceaux sinon achevés, du moins ornés

[1] Poëme de *Saint Louis*, liv. VII.

[2]
Loin des murs flamboyants qui renferment le monde,
Dans le centre caché d'une clarté profonde,
Dieu repose en lui-même, et vêtu de splendeur,
Sans bornes est rempli de sa propre grandeur.
Une triple personne en une seule essence,
Le suprême pouvoir, la suprême science,
Et le suprême amour unis en trinité,
Dans son règne éternel forment sa majesté.
Au même tribunal, où tout bon il réside,
La sage providence à l'univers préside ;
Et plus bas, à ses pieds, l'inflexible destin
Recueille les décrets du jugement divin.
De son être incréé, tout est la créature ;
Il voit rouler sous lui l'ordre de la nature ;
Des éléments divers est l'unique lien,
Le père de la vie et la source du bien.
Tranquille possesseur de sa béatitude,
Il n'a le sein troublé d'aucune inquiétude,
Et voyant tout sujet aux lois du changement,
Seul ne pouvant changer, dure éternellement.

de plusieurs beaux traits que n'a pu étouffer l'enflure naturelle au poëte [1].

On peut comparer sous certains rapports ces poëtes épiques avec Ronsard et son école : sans avoir été jusqu'au néologisme, ces poëtes épiques du XVIIe siècle ont tenté, ainsi que ceux de la Pléiade, au-dessus de leurs forces. Trahis par leur veine dans leurs efforts, ils ont péri en voulant trop s'élever; mais leurs égarements mêmes n'ont pas été sans quelque utilité sinon pour le progrès, du moins pour l'expérience de la langue. En cédant à ce zèle outré qui a causé leur chute, ils ont rappelé aux poëtes que leur langue avait sa majesté à soutenir, et devait aspirer non pas seulement aux matières de tendresse et de galanterie, mais aussi aux sujets nobles et relevés. Ainsi, rien n'a été perdu pour le perfectionnement du vrai style, pas même les tentatives des poëtes les plus éloignés en certains points de la justesse et du vrai goût.

Nous ne pousserons pas plus loin l'examen des variations que la langue a subies avant le règne de Louis XIV; négligeant un grand nombre de faits secondaires qui pourraient trouver place dans un écrit plus étendu, nous placerons ici le terme des diverses périodes d'essai.

———

Que l'on veuille bien maintenant se représenter d'une seule vue l'état présent du style, à la suite des changements successifs qu'il a subis depuis le commencement du siècle.

[1] Nous citerons entr'autres le discours de Brutus à Caton :

> Que dira ta vertu, que dira ton courage,
> Si toy-mesme à la fin tu détruits ton ouvrage?

(L. II.)

Ou bien la description souvent rapportée de la forêt de César :

> On voit auprès du champ une forest sacrée,
> Formidable aux humains et des temps révérée, etc.

(L. III.)

Qu'on le voie sinon éloquent, du moins clair, sage et méthodique entre les mains des sermonnaires et des solitaires de Port-Royal, épuré progressivement par les traductions, les grammairiens, les discussions de l'Académie, les livres de théologie et de morale ; plus orné, mais souvent faux et subtil à l'hôtel Rambouillet, grand et sublime dans les chefs-d'œuvre de Corneille, mais seulement quand son génie le soutient ; diversifié par tant d'autres causes, l'érudition, la politesse, l'influence des femmes, la variété des entretiens, même les saillies d'un genre bouffon. Et cependant, après tant de travaux, d'essais et même de productions estimables, la belle langue n'existe pas encore, elle n'est point faite, tant que la main du génie n'est pas venue mettre le dernier sceau à ce corps d'éléments recueillis si lentement et par tant de mains diverses.

Cette influence souveraine va se faire enfin sentir. Les *Lettres provinciales* viennent de paraître, et il nous suffit d'annoncer cet événement pour en marquer toute la portée. Sans entrer dans le livre même, l'un des plus parfaits que la prose française ait produits, nous remarquerons qu'il renferme tous les dons de l'éloquence : précision, enjouement, énergie, véhémence et grandeur. Mais nous répéterons ce que nous avons dit plus haut, que nous ne saurions rappeler ici aucune des qualités d'essai. Loin de nous la pensée de considérer les chefs-d'œuvre comme une combinaison de faits prévus ou le résultat d'une sorte de mécanisme de langue. Il y a dans leur apparition une part d'inattendu et d'inexplicable qui doit être conservée entièrement, sous peine de déranger l'unité de ces productions singulières et sublimes. Ainsi, rien ne rattache en apparence les *Lettres provinciales* au passé ; c'est à la fois un livre, un genre, un langage nouveau qui viennent de se produire.

Il semblerait que nous dussions nous arrêter devant cette période des chefs-d'œuvre qui vient d'être si glorieusement ouverte par un écrit qui marque la fixation de la vraie

langue. Mais il est des remarques essentielles pour l'ensemble du style qui ne peuvent être faites qu'en entrant
dans la période de la perfection. La diction du temps de
Louis XIV est loin d'être tout entière dans les préparatifs,
elle est aussi en grande partie dans le siècle même, dans la
communauté des goûts, des soins et des efforts des grands
écrivains qui pouvaient seuls l'élever à son plus haut point
de splendeur. Nous avons donc à observer maintenant les
faits qui tiennent, non aux particularités de leur génie,
mais aux lois générales de la langue de leurs chefs-d'œuvre.

XIII.

Y a-t-il eu un style qui ait appartenu en propre au règne de Louis XIV? Remarque-t-on entre les grands écrivains de ce temps glorieux assez de traits de conformité dans la façon d'écrire pour qu'il soit permis de dire qu'ils ont tous eu un style d'une espèce commune?

Nous répondrons affirmativement à cette question. La langue des chefs-d'œuvre du temps de Louis XIV est sortie d'une même souche : il y a eu entre les grands génies qui l'ont ornée, comme *une parenté* de goût, de jugement et d'éloquence qui s'est étendue à leur diction. Nous citerons à l'appui de ce sentiment les paroles d'un ancien [1].

Il faut d'abord marquer dans le nouveau perfectionnement de la langue l'influence même du règne. On ne peut nier qu'en passant du temps de Mazarin à celui de Louis XIV, la langue ne se soit comme agrandie, n'ait pris des formes nouvelles de noblesse et d'élévation proportionnées au caractère même d'une époque ouverte par des actes de si haute majesté. Nous ne rappellerons pas tout ce que ce règne a fait pour les progrès de l'esprit; outre les encouragements prodigués aux écrivains, les événements mêmes,

---

[1] « Omnes eamdem sanitatem eloquentiæ ferunt, ut, si omnium pariter libros in manum sumpseris, scias, quamvis in diversis ingeniis, esse quamdam judicii ac voluntatis similitudinem et cognationem. » (Tacitus. *Dialog. de Orat.*, **xxv**.)

les conquêtes, les hommages des peuples, les loisirs de la paix, les monuments des arts, *tant de merveilles à chanter,* tout favorisait les lettres et l'éloquence.

Mais dans le prestige d'un âge glorieux qui devait tant contribuer à l'ennoblissement de la diction, on ne peut oublier le monarque lui-même qui a donné son nom à ce siècle, toujours si grand malgré ses fautes et les malheurs de sa fin, celui qui pouvait tant de choses par un seul mot, un regard, et dont l'ascendant irrésistible a été marqué même par les historiens satiriques[1]. Puis, tout ce qui entourait Louis XIV, cette cour, la plus noble du monde, ces galanteries sans fin, ces fêtes, ces divertissements, où la poésie était noblement conviée ; ces femmes, dont les reparties valaient mieux que tant de livres[2] ; ces familles où l'esprit devenait une sorte de titre héréditaire[3], toutes ces perfections de la délicatesse et du goût, ont dû contribuer à donner au style les dernières qualités du tour et de l'agrément.

Toutefois, disons-le, ces faveurs prodiguées aux lettres, cet heureux mélange des esprits et des rangs, que nous avons déjà noté dans la période précédente et qui s'est encore développé sous le règne de Louis XIV, même ces jugements de cour, si souvent justes et pénétrants, et que

---

[1] « Ce fut dans cet important et brillant tourbillon (la maison de la comtesse de Soissons) que le roi se jeta d'abord, et où il prit cet air de politesse et de galanterie qu'il a toujours conservé toute sa vie, et qu'il a si bien su allier avec la décence et la majesté..... Au milieu de tous les autres hommes, sa taille, son port, ses grâces, sa beauté et sa grande mine, jusqu'au son de sa voix et à l'adresse, et la grâce naturelle et majestueuse de toute sa personne, le faisaient distinguer jusqu'à sa mort comme le roi des abeilles, et s'il ne fût né que particulier, il auroit eu également le talent des fêtes, des plaisirs et de la galanterie. »

    (*Mémoires de Saint-Simon*, chap. CDV, édit. in-18, t. XXIV, p. 62.)

[2] Madame de Cornuel.

[3] L'esprit des Mortemart.

Molière a si justement opposés aux oracles des Vadius, tout cela n'est pas le style, ou plutôt ce ne sont là que les accessoires, les auxiliaires du style : nous avons observé plus haut la distance qui existe entre la langue de la cour et celle des bons écrits.

Nous avons donc maintenant à examiner le perfectionnement particulier que les grands écrivains ont apporté à la diction. Ils ont d'abord agi sur le fonds primitif dont nous avons recherché les éléments dans les périodes d'essai. Ils ont de plus achevé d'épurer le langage, ils l'ont rendu plus noble et plus parfait qu'il n'avait jamais été. Mais au milieu de leurs efforts, on reconnaît un principe dominant qui peut être pris pour le centre commun de leurs goûts et de leurs productions.

Ici reparaît dans tout son éclat l'influence de l'antiquité, sur laquelle nous avons déjà insisté plus d'une fois, car elle nous semble être un des éléments constitutifs de la belle langue. Nous en avons indiqué les commencements, nous avons vu des écoles célèbres jeter les fondements de la saine et juste connaissance des auteurs anciens, qui devait avoir de si heureux effets sous le règne des chefs-d'œuvre. Nous avons donc à noter maintenant l'influence directe et sensible de ce principe, que nous appellerons pour abréger l'*élément antique*. Nous verrons qu'on ne saurait l'éloigner ni même l'affaiblir, sans que le fonds de la langue en souffre. Tous les grands écrivains du temps de Louis XIV ont pris pour modèles les chefs-d'œuvre anciens, ils les ont sentis, admirés, au point d'en faire entre eux l'objet d'une sorte de culte.

Nous ne plaçons pas le beau style tout entier dans l'antiquité, mais nous disons que plusieurs de ses parties essentielles viennent de l'antique ; la simplicité des formes, la justesse et la variété des figures, l'harmonie des mots, tout ce qui sent le goût pur et vrai de la nature. Nous appellerons, pour ce qui tient au principe général de l'imitation, ces analogies qui semblent se présenter naturellement entre les écrivains de l'antiquité et certains chefs-d'œuvre de notre langue. Que de fois n'a-t-on pas rapproché les *Lettres provinciales* des dialogues de Platon, l'éloquence de Bossuet des grands mouvements de Démosthène, Racine d'Euripide et de Virgile, Fénelon d'Homère, Boileau d'Horace, etc.? Ce sont là des rapprochements que la pensée saisit d'elle-même, non-seulement à cause de la conformité des sujets, mais parce que ces chefs-d'œuvre anciens et modernes ont eu pour ainsi dire une même âme.

On conçoit que pour les détails de l'expression nous devions nous en remettre aux sentiments mêmes des esprits. La belle langue française est toute nourrie des beautés des anciens, et il lui échappe sans cesse de ces traits imprévus et naïfs qui ne peuvent venir que de l'antiquité ou de la nature.

Nous prenons au hasard quelques-uns de ces traits que nous rapportons seulement comme exemples, et sans prétendre en rien indiquer par là tout ce qui dans la perfection du langage peut tenir à l'élément antique.

Les souvenirs des anciens sont si nombreux dans le style de Racine, qu'on ne sait à quel passage s'arrêter. Nous citerons, entre tant d'autres, cette expression de *Mithridate* :

> Les cris que les rochers *renvoyoient* plus affreux.

Et dans la même pièce :

> Si tu m'aimois, Phœdime, il falloit me pleurer
> Quand d'un titre funeste on me vint honorer,
> Et lorsque m'arrachant *au doux sein de la Grèce*,
> Dans ce climat barbare on traîna ta maîtresse.

Ce *doux sein de la Grèce* rappelle le *dulces moriens reminiscitur Argos*, et cette expression, tout en sentant le goût ancien, n'en est pas moins devenue française, et a même passé dans l'éloquence chrétienne. Mascaron a dit :

« Peuples que le Rhin sépare de nous, unissez-vous ; sortez de vos forêts et de vos neiges pour venir inonder *les doux climats* de la France[1]. »

Iphigénie dit à son père :

> C'est moi qui si longtemps le plaisir de vos yeux
> Vous ai fait de ce nom remercier les Dieux.

Clytemnestre dit à Agamemnon :

> Je verrai les chemins encor tout parfumés
> Des fleurs dont sous ses pas on les avoit semés.

Le plaisir de vos yeux, *ces chemins tout parfumés de fleurs*, n'est-ce pas la muse antique elle-même qui a dicté au poëte ces charmantes expressions ?

Bossuet a mêlé sans cesse l'antiquité à son éloquence ; l'Écriture et les Pères ont été aussi pour quelque chose dans ses sublimes inspirations, mais ce n'est là qu'un cas particulier du génie de Bossuet ; nous ne saurions y voir un des éléments principaux du discours. On ne peut rapprocher que des plus beaux monuments de l'éloquence ancienne cette solennité mêlée à tant de véhémence et de grandeur, qui éblouit et confond chez ce maître du discours moderne. Fénelon, Boileau, La Fontaine, tous les grands auteurs du siècle sont remplis de traits dans le goût des anciens ; le détail en serait ici superflu, car ils sont assez connus de tous les esprits sensibles.

Cependant, on peut se demander comment la belle langue fit avec celle des anciens une alliance telle que tant d'imitations si directes n'altérassent en rien son originalité, et que certaines dépouilles des Grecs ou des Latins parussent être souvent une des richesses naturelles du style français.

[1] Oraison funèbre de Turenne.

Il faut d'abord attribuer cette alliance au caractère même du temps, qui semblait se prêter particulièrement à l'antique, qui le recherchait, en admettait même la figure, les allégories, les fables dans toutes ses fêtes et ses divertissements. De plus, ce mélange de simplicité et de délicatesse qu'on retrouvait alors dans tant d'esprits, appelait en quelque sorte les beautés de l'antiquité, que l'on peut dire avoir coulé dans le sein de la langue comme par une pente naturelle. Mais ce n'est là qu'une influence générale qui ne saurait nous suffire : l'introduction de l'élément antique dans le style est venue surtout de la volonté même des maîtres de la langue, qui, sentant le parti qu'ils en devaient tirer, ont su s'en pénétrer profondément et en *colorer* leur discours, pour nous servir de la belle expression de Cicéron [1].

Nous croyons donc devoir spécifier quel fut le genre d'érudition de ces maîtres du style pour ce qui a rapport aux anciens. Leur étude fut, si j'ose dire, plutôt de l'esprit que de la lettre, exempte de faste surtout, et mêlée d'une sorte de négligence qu'ils n'ont pas craint de confesser. Il n'y eut même chez les plus savants d'entre eux rien de la profondeur ni de la régularité des érudits de profession. Ainsi, la traduction du traité de Longin par Boileau, qui passait cependant pour versé dans les lettres grecques, est loin de pouvoir satisfaire l'exactitude moderne. Fénelon, le rejeton même des muses grecques, n'a pas hésité à avouer que nous sommes loin de comprendre les mœurs et même *la langue* des anciens [2]. Racine, qui a toujours vécu, ainsi que Fénelon, dans le sein de l'antiquité, n'a pas laissé de

---

[1] « Quid ergo est? fatebor; aliquid tamen : ut, quum in sole ambulem, etiamsi aliam ob causam ambulem, fieri natura tamen, ut colorer; sic quum istos libros ad Misenum (nam Romæ vix licet) studiosius legerim, sentio orationem meam illorum tactu quasi colorari. » *(De Orat.*, lib. II, XIV.)

[2] « Les anciens ont un grand avantage : faute de connoître parfai-

critiquer certains passages du *Banquet* de Platon, dont il avait entrepris la traduction pour l'abbesse de Fontevrault, avec cette finesse et cet agrément qu'il a su mettre jusque dans ses moindres écrits de prose [1].

Prétendrions-nous par ces remarques rabaisser l'érudition ou contester son utilité dans les lettres? Loin de là, et ceux qui nous lisent ne s'y tromperont pas ; ils sentiront assez les vues particulières de notre sujet. Quand nous disons que l'antiquité a joué un grand rôle dans la formation de notre langue , nous ne voulons pas dire une antiquité toute fouillée, poussée jusqu'aux derniers confins, jusqu'à *la Cassandre* de Lycophron, par exemple ; nous entendons certains anciens seulement qui ont suffi à nos chefs-d'œuvre : Homère, Platon, Cicéron, Démosthène, Virgile, Horace et autres, qui viennent d'eux-mêmes à l'esprit ; mais ce choix de poëtes admis dans la familiarité intime de chaque heure, leurs plus beaux passages prêts à tout instant et ouverts pour ainsi dire jusqu'au cœur : les doctes diront que c'est là plutôt courtiser que pratiquer l'antiquité ; mais nous parlons pour notre langue.

Grâce à la facilité de ce commerce, il était presque permis dans cet âge heureux de n'avoir qu'une connaissance imparfaite des lettres anciennes, et pourtant d'en tirer parti. La Fontaine, qui a tant imité l'antiquité, n'avait pas la moindre teinture de la langue grecque, mais ses amis la connaissaient pour lui : il en entendait parler sans cesse.

tement leurs mœurs, leur langue, leur goût, leurs idées, nous marchons à tâtons en les critiquant. »
> (*Lettre sur les occupations de l'Académie françoise sur les anciens et les modernes.*)

[1] « J'ai traduit jusqu'au discours du médecin exclusivement. Il dit, à la vérité, de très-belles choses, mais il ne les explique point assez ; et notre siècle, qui n'est pas si philosophe que celui de Platon, demanderoit que l'on mît ces mêmes choses dans un plus grand jour. »   (Lettre de Racine à Boileau.)
(Date incertaine.)

De bonnes copies donnent aux grands esprits l'idée des originaux. Madame de Sévigné a plusieurs expressions si bien dans le goût des anciens, qu'il semble que la lecture seule des textes ait pu les lui fournir [1]. Elle n'avait cependant lu que des traductions ; mais ces traits lui sont venus de ses propres penchants et de cette intelligence naturelle de l'antiquité qui semblait tenir aux instincts du siècle.

Fénelon a dit au plus beau temps de la langue : « L'érudition, autrefois si fastueuse, ne se montre plus que pour le besoin [2]. » Il entendait par-là sans doute le besoin de l'éloquence et du goût. Ainsi, ces grands écrivains ont voulu montrer dans quelle vue surtout ils étudiaient les anciens. En mettant eux-mêmes des limites à leur savoir, ils ont prouvé que la langue de leurs chefs-d'œuvre ne se composait pas d'études sans fin et faites pour rebuter l'esprit, mais qu'elle laissait au contraire une grande place aux agréments de la vie et au loisir poétique. Amis de la justesse et de la modération en toutes choses, ils ont montré aussi quel esprit de noble liberté devait présider à l'imitation des anciens. Ce n'est qu'avec tous les soins du discernement, et surtout la connaissance profonde du génie français, qu'ils

---

[1] En voici un exemple pris au hasard dans ses lettres ; elle écrit à sa fille :

« Votre style est *un fleuve qui coule doucement* et qui fait détester tous les autres. »   (Août 1677.)

Ce mot de *fleuve* appliqué au style, rappelle le *puroque simillimus amni* d'Horace.

Fénelon dit : « Idoménée recueilloit au fond de son cœur toutes les paroles qui sortoient, comme *un fleuve de sagesse*, de la bouche de cet étranger. »   (*Télémaque,* XI.)

Madame de Sévigné dit, dans une autre lettre, en parlant de Bourdaloue :

« Il m'a souvent ôté la respiration par l'extrême attention avec laquelle *on est pendu* à la force et à la justesse de ses discours. »
                    (Avril 1686.)

[2] Discours de réception à l'Académie françoise.

ont fait des beautés antiques comme les traits naturels de leur style.

Au milieu de tous les dons inestimables du jugement, du goût et de la hardiesse (quoi de plus hardi que le style de Pascal, de Bossuet, et même de Racine?), ces grands génies ont eu surtout celui de la naïveté, non pas seulement cette qualité particulière qui sert à caractériser les vieux poëtes et en particulier Marot, mais cet art de l'abandon, de la simplicité, si voisin de la nature qu'il fait naître le sublime comme au hasard. La naïveté a été un des grands secrets de la langue de Louis XIV; c'est une louange que tous ces grands hommes ont reçue du temps même où ils parurent. Perrault a donné *la naïveté* à Molière[1]. Boileau a fait de cette qualité un des fondements du style antique. Il dit en parlant de La Fontaine :

« Ce que j'estime surtout en lui, c'est une certaine *naïveté* de langage que peu de gens connoissent, et qui fait pourtant tout l'agrément du discours, c'est cette *naïveté* inimitable qui a été tant estimée dans les écrits d'Horace et de Térence, etc. »

Pour mieux marquer ce qu'il y eut là de particulier au siècle, disons que cette sorte de louange n'eût guère été admise dans le siècle suivant: quel écrivain du XVIIIe siècle songeait à *être naïf ?* Voltaire, au milieu des merveilleuses qualités de son style, n'a point eu la naïveté : il en a cependant laissé échapper quelques traits qui prouvent que, si l'esprit de son temps l'eût permis, ce génie unique eût pu posséder aussi cet ornement[2].

Par une conséquence directe de ce don de la simplicité,

[1] *Les Hommes illustres,* t. I, p. 79.

[2] En voici un exemple :

« Racine, dans la force de son âge, né avec un cœur tendre, un esprit flexible, une oreille harmonieuse, donnait à la langue française un charme qu'elle n'avait point eu jusqu'alors. Ses vers entraient dans la mémoire des spectateurs *comme un jour doux entre dans les yeux.* » (Commentaires sur Corneille.—Préface d'*Attila.*)

un des artifices du style du temps de Louis XIV a été d'emprunter soit à l'ancienne langue, soit au langage ordinaire de la vie, des traits vifs et imprévus qui animent et diversifient le style, en ramenant tout à coup l'esprit, d'impressions hautes et sublimes, à la vue d'objets naturels.

Fénelon est rempli de ces familiarités qui font un des grands charmes de sa diction :

« O mon fils, dit Philoctète, je te conjure... de ne pas me laisser seul *dans ces maux que tu vois...* »

Et plus loin :

« O caverne ! jamais je ne te quitterai ; tu seras mon tombeau ! ô séjour de ma douleur, *plus de nourriture, plus d'espérance !* etc. »

Dans le traité sur l'existence de Dieu, il s'écrie :

« O vérité ! ô lumière....... quiconque ne vous voit pas est aveugle ; *c'est trop peu, il est mort,* etc. [1] »

Bossuet n'a pas craint de dire :

« Le dernier souffle de la mort abattra tout à coup cette vaine pompe avec la même facilité *qu'un château de cartes* [2]. »

Enfin, quelle énergie brusque et simple dans cet autre passage :

« Cette recrue continuelle du genre humain, je veux dire les enfants qui naissent, à mesure qu'ils croissent et qu'ils s'avancent, semblent nous pousser de l'épaule, et nous dire : Retirez-vous, c'est maintenant notre tour [3]. »

---

[1] *Traité de l'Existence de Dieu,* IIᵉ part., v.
[2] *Sermon sur la Mort ;* édit. de Besançon, t. III, p. 177.
[3] *Id.,* 178.

Tous les autres grands écrivains du temps présentent des beautés de ce genre. Mais il est nécessaire de rappeler que nous ne prétendons donner par ces courts exemples que de simples points d'indication qui ne servent qu'à marquer la suite du sujet. Ce qu'il y a ici de succinct ou d'incomplet est suppléé par le sentiment général.

Cependant, outre les signes principaux de la langue du règne de Louis XIV, rapports avec l'antiquité, énergie, majesté, abandon, richesse inépuisable des figures et des tours, et ce charme continu de la naïveté, il faut noter aussi certains éléments secondaires qui, pour tenir aux délicatesses ou même aux détours du style, n'en sont pas moins des traits marquants de son caractère.

Il nous semble, pour le dire en passant, que les écrivains modernes ont paru quelquefois trop craindre de s'abaisser, en entrant dans ces détails du discours qu'on ne saurait négliger sans faire perdre au style quelque chose de son expression. L'antiquité n'a point dédaigné ces sortes de soins. La seconde partie de *l'Orateur* de Cicéron, n'est-elle pas consacrée entièrement à des particularités de langage, et n'est-ce pas une délicatesse de style que cette remarque d'Aristote sur *l'aurore aux doigts de pourpre* (φοινικοδάκτυλος) ou l'aurore aux doigts rouges (ἐρυθροδάκτυλος), ou cet autre sur les mules *filles des ânes* ou *filles des coursiers* [1] ?

Déjà, à l'article de l'hôtel Rambouillet, nous avons indiqué plusieurs de ces expressions détournées, qui ont commencé à naître avec les recherches du jargon. Nous en retrouvons maintenant la trace dans certaines parties de la vraie langue.

Un auteur justement oublié aujourd'hui, car sous l'empire du goût il a donné dans l'affectation des pensées, le P. Bouhours s'est attaché dans ses écrits sur le style à relever quelques-unes de ces délicatesses du langage, qui ont

----

[1] Rhet., III.

souvent rompu heureusement l'uniformité des plus graves discours. Au milieu de son faux goût, Bouhours a quelquefois eu des remarques fines et judicieuses sur les termes et même sur le fond du style, et c'est à ce titre-là qu'on nous permettra de le citer.

Ainsi, dans un de ses écrits où il blâme l'emploi des diminutifs dans le discours moderne, il fait cette remarque sur le génie de la langue :

« Ce n'est pas que nostre langue soit devenue dure et incapable des expressions passionnées ; mais c'est qu'elle a mis toute sa tendresse dans les sentiments, ou plutost dans les tours délicats qui expriment les sentiments. Elle est tendre comme une personne sage, qui parle toujours raisonnablement, même en parlant de ses passions[1]. »

Ces réflexions sont justes, et on doit regretter que Bouhours n'ait point toujours écrit et pensé aussi raisonnablement, nous aurions eu sans doute un bel esprit de moins et un bon écrivain de plus.

Au milieu des expressions que Bouhours a recueillies, on en remarque plusieurs qui tout en passant dans l'usage n'en étaient pas moins demeurées parmi les traits particuliers, qui tenaient non aux règles mais aux détails arbitraires de la diction.

Nous avons déjà noté l'emploi du mot *délicat*, pris au figuré chez certains écrivains de la période de formation ; Bouhours a fait sur ce mot la remarque suivante :

« Quoyque *délicat, délicatesse, délicatement* ayent toujours été en usage, on ne s'en est pas toujours servi comme on s'en sert. *Un esprit délicat, une raillerie délicate, une pensée dé-*

----

[1] *Remarques nouvelles sur la langue françoise,* par le P. Bouhours, 1682, p. 199.

licate, c'est une affaire délicate, tenir une conduite *délicate* avec quelqu'un, il a beaucoup de *délicatesse* dans l'esprit, il sçait *toutes les délicatesses* de la langue[1]. »

Le mot *tour* était aussi singulier dans la langue de Louis XIV qu'il l'est aujourd'hui dans la nôtre ; cette autre remarque de Bouhours en est la preuve :

« *Tourner* et *tour* étoient inconnus, il y a quelques années, dans la signification qu'ils ont maintenant : *tour de visage, tour de vers, tour d'esprit*; il a *un tour* d'esprit fort agréable ; il donne un *beau tour* à ce qu'il dit ; *le tour* de l'expression ; *le tour* de la langue françoise est bien différent de celuy de la langue latine ; il écrit en prose *d'un tour* fort galant et fort naturel[2]. »

Bouhours a dit dans le même livre :

« Le mot de *fonds* est fort en usage : j'ai un grand *fonds* de paresse[3]. »

« *S'embarquer* a beaucoup de grâce, et est fort de la cour dans un sens métaphorique : *s'embarquer* dans une affaire, pour dire s'engager[4]. »

« On dit depuis quelques années : « *C'est un homme tout d'une pièce*, » en parlant d'un homme qui n'a point d'adresse ni de complaisance, et qui ne sçait point s'accommoder au temps ni aux personnes[5].

Un auteur qui a paru quelques années après Bouhours, et qui appartient aussi à la classe des beaux esprits, l'abbé de Bellegarde, a imaginé de rédiger un traité en forme sur ce qu'il a appelé les *agréments et les finesses du langage.*

[1] *Entretiens d'Ariste et d'Eugène,* 1671, p. 85.
[2] *Id.,* p. 86.
[3] *Id.,* p. 87.
[4] *Id.,* p. 93.
[5] *Id.,* p. 97.

Son livre, qui a pour titre *Réflexions sur l'élégance et la politesse du style*, a été appelé le Dictionnaire des pensées fines : il mériterait plus souvent d'être appelé le Dictionnaire des pensées affectées. Mais au milieu des affectations et de la recherche qui remplissent ce livre, on remarque ainsi que dans ceux du P. Bouhours, certaines réflexions qui jettent quelques lumières sur les délicatesses de la diction.

Ainsi, au chapitre qu'il a intitulé, *Expressions vives*, l'auteur dit : « *Lorsque le temps a endurci notre haine.....* je ne sçai si cette expression métaphorique n'est point un peu trop forte, mais elle exprime bien une haine envenimée[1]. »

Dans un autre passage, il cite quelques exemples de ce qu'il appelle *termes délicats :*

« Quoyqu'on ne puisse apprendre par règles à parler délicatement, je ne laisserai pas de citer plusieurs exemples d'expressions qui me paroissent délicates, afin qu'elles servent de modèle. Un excellent auteur, pour dire qu'un roi des Romains ne put qu'avec peine les obliger à renoncer à une vie commode, pour les accoutumer aux fatigues de la guerre, s'est exprimé délicatement en cette manière : « Tullus Hostilius eut de la peine à tirer les hommes d'un mouvement doux pour les tourner à la discipline militaire. » *Tirer les hommes d'un mouvement doux*, est ce que j'appelle une expression délicate.

« *La vie de la plupart du monde n'est qu'un commerce de compliments et de flatteries .. Un commerce de compliments et de flatteries*, pour dire que tout le monde fait métier de flatter.

« Les *Remarques* de M. de Vaugelas ont *un agrément et une fleur* que n'ont pas beaucoup de livres dont la matière n'est ni sèche ni épineuse. Les ouvrages de l'auteur (Bouhours), qui s'est exprimé de la sorte, sont une riche source d'expressions délicates[2]. »

---

[1] *Réflexions sur l'élégance et la politesse du style*, par l'abbé de Bellegarde, 1697, p. 33.

[2] *Id.*, p. 36.

Dans d'autres passages [1], il cite certains mots qui lui paraissent avoir en eux-mêmes un caractère de finesse et d'élégance.

Il cite le verbe *développer :*

« Le grand art consiste à ne pas étaler tout son sçavoir en une seule fois, mais à le *développer* pour ainsi dire par pièces. *Développer* un mystère, *développer* son esprit, *développer* les replis de son cœur. »

Le verbe *amuser :*

« Ces songes nous *amusent* par d'agréables chimères. »

Le verbe *soutenir :*

« *Soutenir la conversation, soutenir son caractère, soutenir sa réputation.* Les manières polies rendent le mérite agréable, et lui donnent cours; il faut avoir d'éminentes qualités pour se *soutenir* sans politsese.

« *Mystère* est l'un de ces substantifs que l'on applique à toutes sortes de sujets, et qui a fort bonne grâce dans de certaines rencontres où l'on s'en sert à propos. Les belles qui sont sages n'y entendent point tant de finesse... Les autres ont plus de *mystère* et de dessein... Découvrir les *mystères* de son cœur, faire un *mystère* de sa pensée. »

Il cite aussi le mot *dessein* pris pour habileté :

« Il y a eu beaucoup de *dessein* dans sa conduite. »

« *La première fleur de réputation, bon air, grands airs, vivacité, vivacités : Rien n'est égal à la vivacité que j'ai pour vous... Il a des vivacités sur mon chapitre dont je lui suis très-obligée,* etc. »

Cependant, après avoir cité quelques-unes de ces locutions particulières, il nous semble qu'à moins de rester à la surface des choses, on ne doit pas les considérer comme de

[1] *Usage élégant de quelques verbes, de quelques substantifs,* p. 360 et suiv.

simples ornements, que le hasard ou le caprice du temps a répandus dans le discours. Dans ces raffinements, ces *mystères* de la diction, on peut reconnaître la présence d'un principe dont nous avons déjà recherché précédemment la trace dans des écrits oubliés, et qui reparaît sous un nouveau caractère dans la période des chefs-d'œuvre. Nous voulons parler de cette partie du style en quelque sorte insaisissable et fugitive, que nous avons rapportée au principe de l'*idéalisme*. Cette influence se retrouve dans la langue du règne de Louis XIV ; elle a été reconnue dans le siècle, plutôt, il est vrai, par les beaux-esprits que par les maîtres du discours, mais le fait n'en subsiste pas moins.

Le P. Bouhours, dans un de ses livres les moins oubliés, a désigné cette partie du langage par un terme cité souvent à cause de sa singularité. Un chapitre des *Entretiens d'Ariste et d'Eugène* est consacré à la définition du *je ne sais quoi*. Ce chapitre dont s'est moqué Barbier d'Aucourt[1], et qui est en effet un de ceux qui prêtent le plus à la raillerie, tombe souvent dans le galimatias et rappelle cette définition de l'amour donnée par mademoiselle de Scudéry : *L'amour est un je ne sçay quoy, qui vient de je ne sçay où, et qui finit je ne sçay comment*[2]. »

Mais dans ce chapitre du P. Bouhours, où l'affectation a mis tant de raffinements et de subtilités, il y a cependant plusieurs réflexions qui touchent par certains côtés à l'un des éléments constitutifs du vrai style ; quelques-unes indiquent même si clairement cet élément particulier dont nous recherchons le témoignage, qu'il nous semble nécessaire de les citer sans les abréger :

« Il est, dit-il, du je ne sçay quoy comme de ces beautés couvertes d'un voile, qui sont d'autant plus estimées, qu'elles

---

[1] *Sentiments de Cléante sur les Entretiens d'Ariste et d'Eugène*, 1672.

[2] *Almahide*, tome IV, liv. I, p. 233.

sont moins exposées à la vue, et auxquelles l'imagination ajoute toujours quelque chose. De sorte que si par hazard on venoit à apercevoir ce je ne sçay quoy qui surprend et qui emporte le cœur à une première veüe, on ne seroit peut-estre pas si touché ni si enchanté qu'on est : mais on ne l'a point encore découvert, et on ne le découvrira jamais apparemment, puisque si on pouvoit le découvrir, il cesseroit d'estre ce qu'il est, comme je vous l'ay déjà dit[1]... Les pièces délicates en prose et en vers ont je ne sçay quoy de poli et d'honneste qui en fait presque tout le prix, et qui consiste dans cet air du monde, dans cette teinture d'urbanité que Cicéron ne sçait comment définir... Nous désirons et nous espérons toujours, parce qu'il y a toujours au-delà du but que nous nous sommes proposé, je ne sçay quoy où nous aspirons sans cesse, et où nous ne parvenons jamais ; et de là vient que nous ne sommes jamais contents dans la jouissance des choses que nous avons souhaitées le plus ardemment[2]. »

Il est permis peut-être, d'après ce passage, d'avancer que tout n'était pas absolument faux ni déraisonnable dans la définition du P. Bouhours. Esprit fin (c'est une qualité qu'on ne lui a jamais contestée), il a senti qu'il y avait dans toutes les choses de la pensée, et par conséquent dans le style, une certaine partie qui ne saurait être assujettie aux lois ordinaires de l'analyse. Qu'on appelle cette partie du style *idéalisme*, *imprévu*, *urbanité*, *molle atque facetum*, ou même *je ne sçay quoy*, peu importe le terme. Nous observerons seulement que ce principe existait dans la langue du temps de Louis XIV, au point de pouvoir être rangé en quelque sorte parmi les ressorts du discours.

Le tort de Bouhours et des autres beaux esprits du temps, qui ont aussi fait une règle *du détour* en fait de style [3], est

---

[1] *Entretiens d'Ariste et d'Eugène*, 1671, p. 247.

[2] *Id.*, p. 253.

[3] On lit dans les Lettres du chevalier de Méré, qui a écrit ainsi que Bouhours sur la délicatesse des expressions :

« Vous me demandez ce que je pense de votre style..... Je trouve

d'avoir soumis à une dissertation en forme ce qu'il y a d'in-
définissable dans la diction, et ne pouvait être par conséquent tout au plus que l'objet d'une indication éloignée. On
remarquera pourtant que ce mot de *je ne sçay quoy*, rendu
ridicule par l'usage qu'en a fait Bouhours, n'a pas laissé
d'être employé par la plupart des bons esprits du temps,
qui ont tous écrit : « *Je ne sais quoi de grand, de doux,
d'honnête*, etc.... » Le cardinal de Retz a dit : « Il y a toujours eu du *je ne sais quoi* dans M. de La Rochefoucault. »
Fénelon, dont on connaît assez le tour d'imagination doux
et tendre, a fait un fréquent usage de cette locution ; ainsi
dans *Télémaque :* « Narbal.... crut appercevoir en moi *je ne
sais quoi* d'heureux qui vient des dons du ciel, etc. » Il faut
donc voir dans ce terme, non pas seulement une particula-
rité, mais un des traits de physionomie de la langue du
temps.

Mais après avoir essayé de marquer sommairement quelques-uns des éléments qui forment la base principale du
vrai style, une question se présente, et que nous ne devons
pas éviter, car elle nous semble essentielle quant aux con-
clusions de ces recherches :

La langue du temps de Louis XIV a-t-elle eu en quelque
sorte la conscience d'elle-même ? Les grands esprits qui ont
fondé cette incomparable éloquence ont-ils été dans tous
les secrets de leur diction ? Ses perfections ont-elles pu être
saisies, conçues, définies par leur propre jugement ?

C'est encore par l'affirmative que nous résoudrons cette
question. Oui, quels qu'aient été les mouvements, les particularités, ou même les sublimes irrégularités de ce style,
il n'a point perdu de vue un seul instant la ligne droite et
ferme qu'il s'était tracée ; rien en lui n'a été donné à l'arbi-

que vous ne laissez rien à deviner, et que vous ne songez pas qu'il
se présente de certaines choses qu'il faut passer sous silence. »

(*Lettres de Méré*, 1689, t. I, lett. i.)

traire. Les grands auteurs français , tout en suivant leurs instincts, ont été, si l'on peut dire , simples et naïfs de propos délibéré ; car, ainsi qu'on l'a remarqué, il y a un art pour le style simple comme pour tout autre genre[1]. Mais ne voyons pas là pour eux une diminution de gloire ; c'est par là que s'est consacré leur immortel langage , par la présence constante de la réflexion, d'un dessein arrêté, qui a imprimé à l'ensemble ce caractère de fixité devenu le sceau de sa grandeur.

Aussi , remarquons que la plupart de ces écrivains , sans avoir précisément formé leur art en préceptes , ont laissé dans leurs écrits le témoignage particulier de leur diction. Ils ont tous laissé échapper, comme au hasard, certains mots qui suffisent pour montrer qu'ils lisaient clairement au fond d'eux-mêmes.

Prenons pour exemple celui de tous qui semble le plus éloigné de tout artifice , celui que l'on a cru si simple , et qui était si simple en effet, La Fontaine , et notons qu'au milieu de ses grâces attachantes et naïves, il n'a pas laissé de suivre un art déterminé, dont il a indiqué plus d'une fois les règles heureuses.

On lit dans une de ses fables :

> Mais les ouvrages les plus courts
> Sont toujours les meilleurs. En cela j'ai pour guide
> Tous les maîtres de l'art, et tiens qu'il faut laisser
> Dans les plus beaux sujets quelque chose à penser[2].

Quoi de plus profond et de plus juste en même temps

---

[1] « La qualité de simple en fait de style n'est pas un terme de mépris, mais un terme d'art. Le style simple n'a pas moins de finesses ni d'exactitude que les autres. »
(Le P. Gaichiés. *Maximes sur la chaire*, chap. XVI.)

[2] *Les Lapins*, liv. X, 15.

que cette loi du vrai style donnée sous cet air d'abandon ?

Il dit dans une de ses préfaces, à propos de certaines négligences qu'il s'est permises dans ses vers :

« Le trop grand soin de les éviter jetteroit un faiseur de contes en de longs détours, en des récits aussi froids que beaux, en des contraintes fort inutiles, et lui feroit négliger le plaisir du cœur pour travailler à la satisfaction de l'oreille..... Le secret de plaire ne consiste pas toujours en l'ajustement, ni même en la régularité ; il faut du piquant et de l'agréable, si l'on veut toucher. Combien voyons-nous de ces beautés régulières qui ne touchent point et dont personne n'est amoureux [1] ? »

Ailleurs encore il dit :

> Vous ne trouverez point chez moi cet heureux art
> Qui cache ce qu'il est, et ressemble au hasard :
> Je n'ai point ce beau tour, ce charme inexprimable,
> Qui rend le Dieu des vers sur tous autres aimable [2].

Nous rappellerons enfin ces autres vers bien connus, qui expriment si bien les idées de La Fontaine sur le style, et cette admiration de l'antiquité mêlée d'indépendance, l'un des mobiles de la belle langue :

> Quelques imitateurs, sot bétail, je l'avoue,
> Suivent en vrais moutons le pasteur de Mantoue :
> J'en use d'autre sorte ; et, me laissant guider,
> Souvent à marcher seul j'ose me hasarder.
> On me verra toujours pratiquer cet usage.
> Mon imitation n'est point un esclavage.
> Je ne prends que l'idée, et les tours et les lois
> Que nos maîtres suivoient eux-mêmes autrefois.
> Si d'ailleurs quelque endroit, plein chez eux d'excellence,

---

[1] Préface pour le second livre de ses *Contes*, 1667.
[2] *Songe de Vaux*, II.

Peut entrer dans mes vers sans nulle violence,
Je l'y transporte, et veux qu'il n'ait rien d'affecté,
Tâchant de rendre mien cet air d'antiquité, etc.

(Epitre xx, à l'évêque de Soissons, publiée en 1687.)

Madame de Sévigné, qui semble être l'élève même de la nature en fait de langage, écrit à sa fille :

« Vous savez que je n'ai qu'un trait de plume, ainsi mes lettres sont fort négligées ; mais c'est mon style, et peut-être qu'il fera autant d'effet qu'un autre plus juste [1]. »

On voit qu'elle pensait de son style ce qu'en devait penser la postérité.

Nous ne citerons pas les vers de Boileau, où se trouvent contenus la plupart des secrets de la langue du temps. Mais nous rappellerons que Fénelon, dans ses écrits si précieux sur l'éloquence, est entré dans des détails qui montrent qu'il n'a pas craint de trahir les particularités et même les mystères de sa propre diction. S'appuyant sur les principes de l'antiquité, il a été jusqu'à ranger parmi les préceptes les négligences, les oublis, les répétitions volontaires dans les termes.

Il parle de l'orateur qui prononce un discours d'abondance :

« Ses périodes n'amuseront pas tant l'oreille : tant mieux, il en sera meilleur orateur. Ses transitions ne seront pas si fines : n'importe ; outre qu'il peut les avoir préparées sans les apprendre par cœur, de plus ces négligences lui seront communes avec les plus éloquents orateurs de l'antiquité, qui ont cru qu'il falloit par là imiter souvent la nature, et ne montrer pas une trop grande préparation. Que lui manquera-t-il donc ? Il fera quelque petite répétition, mais elle ne sera pas inutile : non-seulement l'auditeur de bon goût prendra plaisir à y reconnoître la nature qui reprend souvent ce qui la frappe davantage dans un sujet,

[1] Lettre à sa fille, 1671.

mais cette répétition imprimera plus fortement les vérités : c'est la véritable manière d'instruire [1]. »

Dans le même écrit, il donne ce précepte sur les contrastes :

« Il faut suivre la nature dans ses variétés : après avoir peint une superbe ville, il est souvent à propos de faire voir un désert et des cabanes de bergers [2]. »

Tout l'art du divin langage de Fénelon et de son siècle n'est-il pas contenu dans ce passage, d'une si parfaite beauté?

« Je demande un poète aimable, proportionné au commun des hommes, qui fasse tout pour eux et rien pour lui. Je veux un sublime si familier, si doux et si simple, que chacun soit d'abord tenté de croire qu'il l'auroit trouvé sans peine, quoique peu d'hommes soient capables de le trouver. Je préfère l'aimable au surprenant et au merveilleux. Je veux un homme qui me fasse oublier qu'il est auteur, et qui se mette comme de plain-pied en conversation avec moi. Je veux qu'il me mette devant les yeux un laboureur qui craint pour ses moissons; un berger qui ne connoît que son village et son troupeau ; une nourrice attendrie pour son petit enfant; je veux qu'il me fasse penser, non à lui et à son bel esprit, mais aux bergers qu'il fait parler [3]. »

D'après ces exemples, puisés aux sources mêmes du vrai style, nous croyons pouvoir assurer qu'il n'y a eu rien d'arbitraire ni de fortuit dans le fait de sa formation. Outre l'influence des mœurs, l'éclat du règne, les circonstances générales qui ont dû seconder la diction, sa marche a été surtout guidée, soutenue par son propre esprit, c'est-à-dire par certains principes, rares, simples, mais élevés et infaillibles,

[1] *Dialogues sur l'éloquence,* I.
[2] *Id.*
[3] *Lettre sur les occupations de l'Académie françoise.*

qui sont devenus la loi de tous les écrivains supérieurs de ce temps-là; et c'est là qu'il faut chercher les causes de la grandeur de leur langue.

Nous joindrons à ces aveux des grands hommes les opinions de certains écrivains réputés médiocres même de leur temps, mais qui peuvent, par suite de leur infériorité, être considérés comme les interprètes du siècle lui-même. Ces témoignages, que le goût des lettres ne saurait admettre, sont ici d'un certain poids. On voudra bien ne voir dans les citations suivantes, comme dans tant d'autres, que le fait seul qu'elles renferment.

On lit dans un discours de l'abbé Tallemand, prononcé à l'Académie française dans l'année 1676 :

« D'où vient qu'une langue demeure dans un certain degré de beauté, et semble avoir atteint sa dernière perfection ? C'est que de grands génies l'ont consacrée par des ouvrages immortels, qui demeurent les modèles desquels sans faillir on ne peut s'escarter : et quoyqu'elle ne laisse pas de changer, dans la suite, ce changement s'appelle corruption; et on estime qu'elle a été parfaite dans le temps auquel elle a le plus fleuri... Qu'on ne parle plus de changement dans nostre langue, elle est fixée à jamais par tant de rares ouvrages, et le ciel préserve ceux qui nous suivront de la voir changer... Ouy, Messieurs, la raison humaine me fournit assez de lumière pour pouvoir assurer que les bons ouvrages de ce siècle dureront éternellement. Quand je les compare aux anciens, je leur trouve les mesmes grâces et les mesmes beautés qui leur ont fait mériter de venir jusqu'à nous; quand j'en veux juger par le bon sens naturel, j'y vois tout conforme à la nature et à la raison. »

Le témoignage de cette perfection de la langue se trouve aussi consigné dans le livre de Charpentier, trop oublié peut-être : *De l'Excellence de la langue françoise*. Après avoir rappelé la glorieuse prééminence que notre langue obtint au congrès de Nimègue, et qui a été la consécration immortelle

des armes et des lettres françaises[1], l'auteur considère l'état
présent de la diction :

« On a remarqué que toutes les langues ont eu de certains
temps où elles ont principalement fleury, et que leur élégance
a presque toujours esté jointe à la grandeur de l'empire... Pourquoy donc la françoise n'auroit-elle pas son siècle illustre, et
pourquoy en chercheroit-on d'autre que celuy de Louis-le-Grand,
sous qui la France jouit d'une félicité accomplie? Nostre langue
est une de celles qui approchent le plus de l'idée d'une langue
parfaite. Elle possède par excellence la netteté et la clarté, qui
sont les principales beautés du discours, selon Aristote , puisqu'on ne parle que pour se faire entendre. Elle est douce, elle
est significative, elle est sonore, elle est éloquente, elle est nom-
breuse..... C'est désormais une langue de réflexion et d'estude,
c'est une langue raisonnée, qui n'est pas moins ennemie de la
superfluité que de la sécheresse, surtout chaste jusqu'au scrupule,
et d'une délicatesse de goût presque infinie... Il résulte donc de
tout ce que nous avons dit, que nostre langue n'a plus rien à dé-
sirer ni à espérer de l'avenir pour pouvoir tenir son rang parmi
les langues de l'univers les plus célèbres et les plus polies... De
plus, supposons avec nos adversaires que nostre langue soit sur
le point de se corrompre, est-ce un sujet de chagrin pour nous?

[1] « On s'aperçut à Nimègue, dit le comte d'Avaux dans ses mémoires, du progrès que la langue françoise avoit fait dans les pays
étrangers ; car il n'y avoit point de maison d'ambassadeurs où elle
ne fust presque aussi commune que leur langue naturelle. Bien
davantage, elle devint si nécessaire, que les ambassadeurs anglois,
allemands, danois, et ceux des autres nations tenoient leurs conférences en françois. Les deux ambassadeurs de Danemark convin-
rent mesme de faire leurs dépêches communes en cette langue,
parce que le comte d'Oldenbourg, l'un des deux, parloit allemand
et n'entendoit point le danois, comme son collègue, de sorte que
pendant tout le cours des négociations de la paix, il ne parut
presque que des écritures françoises ; les estrangers aymant mieux
s'expliquer en françois dans leurs mémoires publics que d'escrire
dans une langue moins usitée que la françoise. »

(Tome I, chap. XIII, p. 259.)

Au contraire, c'est par ce moyen que son estat présent, qui est le plus excellent de tous, sera considéré de la postérité comme son estat de perfection. C'est ce qui mettra les ouvrages de ce siècle-cy au mesme rang de dignité, parmi les ouvrages de la langue françoise, que ceux du siècle d'Auguste, parmy les ouvrages de la langue latine [1]. »

Ces preuves, et d'autres que nous pourrions ajouter, attestent que si la langue a atteint toute sa perfection sous le règne de Louis XIV, le siècle même a reconnu et senti cette perfection. Il en a laissé les monuments dans ses chefs-d'œuvre, et le témoignage dans ses propres aveux.

C'est pourquoi nous n'admettons l'influence de la grandeur de Louis XIV sur la perfection du style que comme un fait secondaire. Loin donc de dire, avec un des auteurs que nous venons de citer [2], « que ce sont les choses mémorables du siècle de Louis-le-Grand qui ont seules immortalisé la langue, » nous croyons que son immortalité tient surtout à son propre génie. Nous l'avons vue se former par degrés, et une fois achevée, elle ne doit plus relever que d'elle-même. Mais cette pensée doit être réservée pour notre dernière conclusion.

[1] Tome I, chap. xiii, p. 259.
[2] L'abbé Tallemand.

XIV.

DE L'ALTÉRATION DU STYLE.

Pour éviter de trop longs détails, nous considérons comme un fait avéré que vers la fin du règne de Louis XIV la langue perdit plusieurs des qualités essentielles qu'elle avait acquises dans les périodes antérieures. Il suffit de rappeler les aveux de quelques écrivains du bon temps qui ont tous laissé échapper dans leurs dernières années des plaintes sur la décadence du goût et la corruption du style.

Pour ce fait-là, non plus que pour tant d'autres, nous n'essaierons de prendre de date fixe. Il serait inutile ou même impossible de rechercher l'année précise où la langue a commencé à s'altérer. Nous dirons seulement que ces changements nous paraissent s'être opérés dans les vingt ou trente années qui se sont écoulées entre les chefs-d'œuvre du temps de Louis XIV et ceux du XVIIIᵉ siècle, c'est-à-dire les premières productions de Voltaire et de Montesquieu.

Certaines personnes ont cru que le style commençait à s'altérer dès La Bruyère. Nous n'adoptons pas ce sentiment. Le livre des *Caractères* a, il est vrai, quelques affectations [1];

[1] On ne saurait approuver le jeu de mots que contient cette pensée :

« La cour est comme un édifice de marbre ; je veux dire qu'elle est composée d'hommes fort durs mais fort polis.» (*De la Cour.*)

Certains passages de son discours de réception à l'Académie française sentent un peu la fausse rhétorique :

« Provinces éloignées, provinces voisines, ce prince humain et

mais quel écrivain n'a pas eu ses taches ? On a accusé quelquefois le style de La Bruyère d'être trop saccadé , de trop viser à la concision et au trait [1]. Mais ce genre de style était celui qui convenait à la matière. On pourrait d'ailleurs citer dans les *Caractères* de La Bruyère un grand nombre de passages où les phrases offrent un modèle de juste étendue et de parfait enchaînement. La belle langue a donc encore conservé tous ses avantages dans cet excellent livre. Mais on sait que La Bruyère est le dernier des grands écrivains. Après lui, on vit paraître encore d'heureux esprits, des plumes vives et faciles, mais point de génies supérieurs. L'absence des grands écrivains est déjà sans doute une perte sensible pour le style. « Les belles plumes, a dit Pasquier, donnent la vie aux langues. »

Cependant, il ne faut pas considérer l'absence des grands génies comme devant produire nécessairement la décadence : si des écrivains brillants et singuliers cessent de manier une langue, le style perdra assurément , et surtout du côté de l'élévation et de l'ornement; pourtant , ce n'est pas une raison pour qu'il dégénère et que le faux goût s'en empare. Dans la première moitié du XVIIe siècle , on pourrait citer plusieurs auteurs qui , sans avoir eu de talent supérieur même pour la diction , ont cependant écrit d'une façon très-pure et très-raisonnable. Or, qu'un style rende tout ce que peut l'écrivain, n'est-ce pas tout ce qu'on est en droit d'en attendre ?

Nous citerons comme un des premiers faits de la fin du

bienfaisant que les peintres et les statuaires nous défigurent , vous tend les bras , vous regarde avec des yeux tendres et pleins de douceur. C'est là son attitude : il veut voir vos habitants , vos bergers, danser au son d'une flûte champêtre sous les saules et les peupliers, etc. »

[1] L'abbé d'Olivet reproche à La Bruyère de montrer trop d'esprit , d'avoir moins de naturel que Théophraste , de donner dans le néologisme, etc. (*Hist. de l'Académie,* t. II, p. 336 et suiv.)

xvii⁰ siècle qui ont commencé à ébranler les principes du vrai style, la querelle qui s'éleva entre certains écrivains sur le mérite des anciens et des modernes. Cet événement doit être considéré sinon comme une cause directe, du moins comme un symptôme avant-coureur de la corruption du style.

Nous n'entrerons pas dans les détails si connus de cette querelle, qui a longtemps agité les esprits et ne sera jamais peut-être entièrement apaisée. On se souvient que la guerre fut allumée dans une séance de l'Académie, où Perrault lut son poëme de *Louis-le-Grand*, qui commence par ces vers :

> La belle antiquité fut toujours vénérable,
> Mais je ne crus jamais qu'elle fût adorable, etc.

l'un des plus mauvais poëmes, sans contredit, que le siècle de Louis-le-Grand ait vu paraître.

Nous ne parlerons pas non plus du livre du même auteur intitulé : *Parallèle des anciens et des modernes*, où l'*Iliade* est mise au-dessous de l'*Astrée* pour l'invention [1]. Mais nous rappellerons, ainsi qu'on l'a déjà remarqué, que ces contestations sur le mérite des anciens, dont on reporte communément l'origine à Perrault, remontaient à des temps antérieurs. On retrouve dans certains écrits de Desmarets, de Boisrobert et d'autres écrivains oubliés du règne de Louis XIII, une sorte de révolte cachée contre ce culte de l'antiquité, dont on commençait dès lors à sentir le mérite. Ces

---

[1] « LE PRÉSIDENT.—Supposez que je voulusse bien reconnoistre les romans pour des poëmes épiques, croyez-vous en être bien plus fort ?

« L'ABBÉ. — Assurément : puisque nos bons romans, comme l'*Astrée*, *où il y a dix fois plus d'invention que dans l'Iliade*, la *Cléopâtre*, le *Cyrus*, la *Clélie* et plusieurs autres, non seulement n'ont aucun des défauts que j'ay remarquez dans les ouvrages des anciens poëtes, mais ont, de mesme que nos anciens poëmes en vers, une infinité de beautés toutes nouvelles. »

(*Parallèle des anciens et des modernes*, t. III, p. 148.)

attaques s'appuyaient presque toutes sur l'honneur des muses françaises, qui ne devaient pas être sacrifiées aux muses anciennes. C'est toujours en vue de la gloire des modernes que les méchants auteurs ont entrepris de rabaisser les anciens.

Perrault ne doit guère être compté que parmi les écrivains de dernier ordre que Boileau a justement immolés ; toutefois, il faut reconnaître que les attaques de Perrault contre l'antiquité ont été parfois dirigées avec un certain art. Au milieu des erreurs sans nombre et des grossiers sarcasmes lancés contre Homère et les autres poëtes grecs et latins, il y a dans son livre certaines vivacités, des saillies qui ont pu éblouir et amuser un moment le commun des esprits. L'auteur a choisi la forme du dialogue, qui est la plus facile et la plus rapide de toutes. Parmi ses personnages, il en est un (le chevalier) qui ne parle pas sans quelque sel et quelque agrément. Enfin, quelle que soit la cause, le livre de Perrault trouva des lecteurs et même des approbateurs, et à dater de cet écrit il y eut réellement un parti formé contre les anciens.

Mais pour en finir avec le fond même de cette discussion relative au mérite des anciens, nous pensons que le résultat même de ces querelles et les résultats de l'expérience moderne permettent de trancher ainsi la question :

On ne discute pas sur l'antiquité, on la sent ou on ne la sent pas ; de même qu'on est né sensible ou indifférent à tel ou tel art. Tous les raisonnements du monde ne feront pas que certaines natures s'ouvrent aux beautés d'Homère ou de Sophocle. Que dire aux esprits tels que Perrault, qui demandent compte à Homère de ce qu'ils appellent *ses manques de bienséances*, qui lui reprochent d'avoir parlé *du grand pot d'Agamemnon plein de bon vin pétillant*, ou *de la princesse Nausicaa allant à la rivière avec ses demoiselles dans le charriot bien sonnant du roi Alcinoüs*, etc. [1]? Mais

[1] *Parallèle*, t. III, p. 48.

que dire aussi à l'esprit simple et élevé qui se contente de répondre à ces critiques : « Le bonhomme Eumée me touche bien plus qu'un héros de Clélie ou de Cléopâtre [1] ? »

Une érudition d'une certaine espèce ne donne pas toujours le goût de l'antique ; on peut souvent interpréter, ou même commenter les anciens sans en bien sentir les mérites. Ainsi, quand le P. Rapin, qui n'a guère fait cependant que compiler dans ses écrits Aristote, Horace et Quintilien, dit en parlant des poëmes d'Homère, que « *les bienséances y sont peu ménagées, les pères durs et cruels, les héros foibles et passionnés, les dieux misérables, ingrats, querelleurs, n'ayant encore rien de cette philosophie stoïcienne que Zénon et ses successeurs enseignèrent depuis aux hommes*, etc. [2], » on peut assurer, d'après ce peu de paroles, que le P. Rapin ne sentait pas les beautés des anciens, et qu'il y a dans tous ses ouvrages critiques beaucoup moins du vrai goût de l'antiquité que dans ces deux seuls vers :

> Sur différentes fleurs l'abeille se repose,
> Et fait du miel de toute chose, etc.

Nous avons vu que dans le beau temps de la langue, on sentait l'antique non-seulement par un heureux effet du savoir, mais aussi par une sorte de disposition naturelle du temps. Vers la fin du règne de Louis XIV, ce goût-là se perdit, et sa perte contribua à l'affaiblissement du style. Cependant, à l'époque de la guerre allumée par Perrault, le goût de l'antiquité régnait encore pleinement sur la plupart des grands esprits. Boileau, Racine, La Fontaine et tous les écrivains judicieux et éclairés, s'élevèrent contre les doctrines fausses et téméraires que Perrault s'efforçait

---

[1] Fénelon, *Lettre sur les occupations de l'Académie*, v. Projet de Poétique.

[2] *Comparaison des grands hommes de l'antiquité*, 1709, t. I, p. 123.

de répandre. Ces premières attaques n'eurent point d'effet immédiat, mais elles n'en ont pas moins été le signal d'une rupture ouverte avec l'antiquité et nous en retrouverons bientôt les suites.

Nous aurions voulu ne point mêler d'événement politique ou religieux à cet essai ; mais il est un fait qui a eu trop d'influence non-seulement sur la condition générale d'une certaine partie des Français, mais aussi sur la destinée des lettres et sur les formes mêmes de la diction, pour que nous puissions le passer sous silence. Nous voulons parler de la révocation de l'édit de Nantes, acte impolitique et funeste qui est venu troubler le cours d'un beau règne et dont on ne cessera jamais de déplorer les suites.

Avant la publication de cet édit, certaines persécutions avaient déjà été exercées contre plusieurs auteurs appartenant à la religion réformée. Dès l'année 1681, la suppression de l'Académie de Sédan avait eu pour effet d'éloigner de la France un écrivain rendu célèbre par l'étendue de son savoir et la hardiesse de ses opinions, un de ces hommes que les terres qui les produisent devraient éternellement conserver, Pierre Bayle, qui se vit forcé de se réfugier à Rotterdam pour se soustraire aux rigueurs qui commençaient à jeter l'alarme dans sa religion. Bientôt d'autres écrivains réformés le suivirent. Cette colonie de fugitifs transporta à l'étranger, avec les ressources de connaissances solides et variées, un échantillon de la langue française, alors dans toute sa splendeur. Ce fut dans ce temps-là qu'on vit s'introduire dans plusieurs écrits composés à l'étranger un style nouveau qu'on a appelé *style réfugié*, pour désigner la langue des productions nombreuses que firent éclore vers la fin du siècle les auteurs français retirés en Hollande.

Sans examiner si ce terme est bien juste, et si· les écrits qui furent alors composés hors de France différaient assez de la langue nationale pour constituer un genre de style particulier, nous remarquerons qu'il est rare que le style français se détache du sol natal, sans perdre quelque chose du côté de la simplicité et de la franchise. Quiconque a écrit longtemps hors de France admet involontairement certaines affectations, des raffinements qui sont en deçà ou au delà du vrai goût. Nous n'invoquerons pas le célèbre oracle de Voltaire :

> Faites tous vos vers à Paris,
> Et n'allez pas en Allemagne,

car Voltaire a fait en Allemagne d'excellents vers ; mais la bonne et vraie langue ne suit pas toujours à l'étranger la généralité des auteurs.

Ainsi, pour citer un exemple pris dans la sphère commune, on sait que Saint-Évremond a composé en Angleterre la plus grande partie de ses écrits. Il est remarquable qu'au milieu des traces de mauvais goût que laisse voir ce bel esprit du temps de Louis XIII, il y ait aussi plusieurs expressions qui offrent une grande analogie avec le mauvais langage du xviii° siècle. Nous pensons qu'on doit attribuer cette conformité des locutions vicieuses à l'influence du sol étranger [1].

[1] En voici quelques exemples :

« Dans les premiers temps de la république, on étoit furieux de liberté et de bien public : l'amour du pays ne laissoit rien aux mouvements de la nature. »

(*Réflexions sur les divers génies du peuple romain*, ch. ii.)

Furieux de liberté, *l'amour du pays*, *les mouvements de la nature*, je crois qu'on ne citerait pas beaucoup d'expressions de ce goût-là dans le style du temps de Louis XIII ou de Louis XIV.

Le mot *on* appliqué directement aux personnes, dans le style soutenu, est un de ces tours vicieux que les écrivains réfugiés ont fréquemment employé ; Saint-Évremond en a fait usage avant eux.

« C'est ce qui arriva à Annibal et à son armée qui ne manquoit pas de l'imiter dans le relâchement... Ce ne furent plus que bains, que festins, qu'inclinations et attachements... *On* songeoit

Bayle est un des premiers prosateurs du XVIIe siècle qui ait admis dans ses écrits un autre style que celui des chefs-d'œuvre du règne de Louis XIV. Mais on doit attribuer ces altérations du style de Bayle autant à sa condition particulière qu'aux défauts même de son génie. C'est de lui surtout que l'on peut dire « qu'il n'a pas rempli tout son mérite, » lui, chargé d'une érudition si vaste et si fine, qui, au milieu de ses longues pages trop souvent inégales, a laissé échapper tant de traits de pénétration et d'ingénieuses saillies.

Pourquoi faut-il qu'un pareil esprit ait toujours erré hors de France, à la merci du besoin, loin des grands écrivains du même siècle, qui eussent pu réformer son goût et le préserver de l'abandon et de ce défaut de soins dont on ne retrouve que trop de traces dans ses volumineux écrits ? Ne peut-on pas regretter que Bayle n'ait pu prendre part aux *soupers d'Auteuil,* où il semble que la place de ce savoir inépuisable et si rempli de bonhomie soit demeurée vide ? Le séjour des grandes villes a d'ailleurs des avantages particuliers pour la politesse du style, et Bayle lui-même les a signalés [1].

aux maîtresses lorsqu'il falloit aller aux ennemis, *on* languissoit des tendresses de l'amour quand il falloit de l'action et de la fierté pour les combats, etc... »

(*Réflexions sur les divers génies du peuple romain,* ch. VII.)

Ce mot *on* ne convient qu'au style familier ; ainsi Voltaire a dit :

« La dame pleura, se fâcha, s'adoucit ; le souper fut plus long que le dîner ; *on* se parla avec plus de confiance. »

(*Zadig,* chap. II.)

Saint-Evremond a aussi certaines trivialités qu'il n'eût sans doute pas admises s'il eût écrit en France :

« Rien n'étoit plus injuste que les jugements des sénateurs, rien de plus *sale* que leur avarice, etc. »

(*Réflexions sur les divers génies du peuple romain,* chap. VIII.)

[1] « C'est quelquefois un fort bon moyen de se procurer les avan-

On ne peut lire sans un sentiment de douleur les détails que Bayle a laissé échapper sur les pénibles nécessités de sa vie ; écrasé par le travail [1], souvent atteint des maladies qui en sont la suite, conservant au milieu de ces extrémités une sorte de gaîté mêlée d'indifférence, parlant de ces auteurs *porte-faix* « dont les écrits ne sont pas tant un travail de l'esprit qu'un travail du corps, et qui portent leur cervelle sur leurs épaules [2]. » Bayle a avoué lui-même « qu'il n'aurait pas composé plus d'un *in-folio* s'il n'avait écrit que pour lui et non pour les libraires [3]. »

Ces nouvelles lettres qui prirent naissance en Hollande, ces écrits payés à la tâche comme les produits des manœuvres, commencèrent par détruire une des plus nobles qualités du style, la concision, que les efforts de Pascal, de Boileau, de La Fontaine avaient introduite avec tant de peine dans la langue. Le style de Bayle et celui des autres réfugiés, les Leclerc, les Basnage, les Beausobre, est délayé, diffus ; leur phrase n'a plus la juste mesure. Le mouvement leur manque le plus souvent, car on ne peut guère écrire à la hâte sans perdre la diversité des tours.

Le séjour de la Hollande fit aussi disparaître insensiblement du langage les grâces légères de la politesse et de l'agrément. Bayle a de nombreuses trivialités, et Voltaire les lui a reprochées avec justice. Mais ce qui est plus grave peut-être que les termes bas, il a beaucoup d'ex-

---

[1] « Vous excuseriez mon silence, si vous saviez l'acablement de travail où je me trouve pour l'impression de mon *Dictionnaire historique et critique*. Le libraire veut l'achever, à quelque prix que ce soit, cette année ; de sorte qu'il faut que je lui fournisse incessamment nouvelle copie , que je corrige chaque jour des épreuves, où il y a cent fautes à raccommoder , etc. »

(Lettre du 7 juillet 1698. — *Dictionnaire de P. Bayle ,* édit. Beuchot , t. XVI, p. 177.)

[2] Préface de la première édit. du *Dictionn.* t. XVI, p. 16.

[3] Voltaire. — *Le Temple du Goût.*

pressions impropres, contraires à la justesse et à la simplicité de la diction.

Ainsi il emploie souvent le mot *effectuer*, qui est d'une
grande lourdeur, au lieu d'accomplir [1], qui est à la fois
simple et élégant. Il parle des personnes qui n'ont pas *le
moyen* d'acheter des livres [2]. Il commence aussi à employer
de ces locutions pesantes et tristes que les lettres ont si
malheureusement empruntées à la langue des sciences et
qui sont un des signes les plus frappants de la corruption
du style. Bayle, pour dire *entièrement opposé*, a dit *diamétralement opposé* [3].

Mais au milieu de tous ces défauts d'un style négligé,
dans ces articles, écrits le plus souvent sans ordre et sans
suite, on rencontre aussi plus d'une expression de génie, et
toute dans le vrai goût, qui montre que si l'auteur eût eu
une meilleure fortune, et n'eût jamais respiré d'autre air
que celui de France, il eût atteint peut-être à la perfection
même du beau langage, dont il n'a eu que quelques traits
épars.

On lit dans le *Dictionnaire critique* , à l'article *Sapho* :

« Tous ses vers rouloient sur l'amour, et avoient des grâces si
naturelles et si touchantes, qu'il ne faut point s'étonner qu'on
l'ait appelée la dixième Muse. »

---

[1] « Je recours à l'expédient de Catulle, *j'effectue* sa menace. »
(*Dictionn.*, Ed. Beuchot, t. XV, p. 232.)

[2] *Id.*, t. XVI, p. 8.

[3] « C'est la plus monstrueuse hypothèse qui se puisse imaginer et
la plus *diamétralement opposée* aux notions les plus évidentes de
notre esprit. » (*Dictionn.*, t. XIII, p. 418).
Il est permis peut-être de regretter que Voltaire ait employé l'expression *de moralement sûr* , dont on trouverait peu d'exemples
dans la langue du temps de Louis XIV : « il (le roi) n'assiégea jamais
une ville sans être *moralement sûr* de la prendre. »
(*Siècle de Louis XIV* , chap. IX.)

On peut assurer que *ces grâces naturelles et touchantes* ne sont point nées en Hollande. On rencontre aussi dans certains passages du *Dictionnaire* plusieurs pages où malgré ses habitudes de diffusion , Bayle a su joindre la rapidité du tour à la précision des détails [1].

Mais il y eut parmi les écrivains réfugiés une opinion ou plutôt un penchant marqué pour un certain genre de style qui se trouva mêlé à d'autres principes de corruption.On sait que Bayle par une sorte de *bouderie* de réfugié contre la vraie langue avait une prédilection marquée pour le langage du xvi° siècle. Il a même souvent reproduit dans sa diction certaines formes de la langue de Montaigne et d'Amyot, parfois avec bonheur, mais parfois aussi dans la forme lourde et précaire de La Mothe Le Vayer. Il s'est d'ailleurs déclaré formellement et pour les termes de la langue du xvi° siècle, et pour ces périodes à *longue queue* qui s'étaient conservées dans le style jusqu'aux approches du règne de Louis XIV [2].

[1] Nous citerons le début de l'article *Attila* dans le *Dictionnaire* ; on remarquera le mouvement de l'ensemble et la fermeté de plusieurs expressions :

« On peut le compter parmi les plus grands conquérants, puisqu'il n'y eut guère de provinces dans l'Europe qui ne sentissent le poids de ses armes victorieuses. Il n'accorda la paix à l'empereur Théodose, qu'en le rendant son tributaire. La bataille qu'il perdit dans la Champagne , l'an 451, ne l'affoiblit pas tellement qu'il ne se vît pas bientôt en état d'aller ravager l'Italie ; et si les prières du pape Léon ne l'eussent pas arrêté, il eût pris infailliblement la ville de Rome. Il ne faut pas croire ce que l'on raconte d'un vieillard tenant une épée nue à côté de saint Léon et menaçant Attila... Ce roi des Huns étoit de petite taille , mais cela n'empêchoit pas qu'il ne jetât la terreur dans l'âme des plus intrépides , tant il avoit la démarche fière et le regard foudroyant. Il savoit fort bien joindre la ruse à la force. La superstition étoit l'âme de ses ruses. Il étoit dissimulé, fin et subtil , sage dans le conseil, et hardi dans l'exécution, cruel à ses ennemis , mais assez doux à ceux qui se mettoient en posture de suppliant, etc. »

[2] « C'est une chose honteuse à la nation qu'il se trouve tant de

Ce sentiment de Bayle sur le vieux langage se trouve plus nettement exposé dans un passage d'un autre auteur réfugié, qui prouve que cette opinion devait être commune à la plupart des écrivains retirés en Hollande. Leclerc, dans un article de sa *Bibliothèque françoise*[1] dont nous ne pouvons donner ici que le fond, rend compte des remarques sur la langue de Vaugelas et de Th. Corneille. Il accuse Vaugelas d'avoir fait prévaloir une forme de langage inférieure à celle du temps d'Amyot. Il reproche aux écrivains du siècle de Louis XIV d'avoir écrit comme on parle et d'avoir ôté à la langue l'abondance des locutions, la cadence majestueuse des mots que possédaient les langues grecque et latine. Il regrette surtout la longueur des anciennes périodes, et cite pour exemple une phrase tirée d'Amyot, qui ne formant qu'un seul corps dans l'original se composerait, suivant le goût moderne, de trois membres

gens en France qui ne sauroient souffrir le style du xvi⁰ siècle ; mais ce mauvais goût n'est pas si universel qu'il ne se trouve encore bien des lecteurs qui veulent que l'on conserve les écrits de ce temps-là, tels que les auteurs les ont composés. »

(Dictionn., art. d'Ossat, t. II, p. 275.)

« Ceux qui se servent du style coupé ont moins de peine à ôter les équivoques ; ils recommencent une période presque à chaque ligne. C'est prendre le parti le plus facile ; un paresseux s'accommode fort de cela. Vous et moi, Monsieur, qui nous sommes accoutumés au style lié, et qui enfermons le plus de pensées que nous pouvons dans une période, nous sommes, en effet, plus courts que ceux qui se servent du style coupé, et, néanmoins, les mauvais juges s'imaginent que nous employons plus de paroles. Ils ne savent pas qu'il n'y a guères d'écrivains dont le verbiage soit plus grand que celui de Sénèque... Mais, quoi qu'il en soit, nous avons ce désavantage, nous autres sectateurs du style lié, que nous avons mille peines à éviter les équivoques. »

(OEuvres diverses de Bayle, t. IV, p. 713, lett. clxxix.)

[1] *Bibliothèque universelle et historique de Leclerc.* Amsterdam, 1687, t. VII.

de phrase détachés. Il termine en déclarant que depuis cent ans la langue française a plus perdu qu'elle n'a gagné.

Mais il est une opinion plus imposante que celle de Leclerc ou même de Bayle, qui peut être citée à l'appui du vieux style, c'est celle de Fénelon qui, dans sa lettre sur les occupations de l'Académie française, semble avoir regretté la forme et la variété de certaines locutions du langage du XVIe siècle [1]. Les adversaires de la langue du temps de Louis XIV ont souvent invoqué ce passage de Fénelon comme un témoignage de la supériorité de la vieille langue sur la nouvelle. Mais outre qu'un sentiment séparé, fût-il parti d'un aussi grand juge que Fénelon, ne saurait détruire l'autorité des faits, nous noterons l'époque où Fénelon avançait ou plutôt, comme il l'a dit lui-même, *hasardait* ces pensées. Il écrivait quinze ans après la mort de Racine, dans un temps où la langue pouvait déjà être accusée de timidité et de relâchement. Quoi de plus naturel que ce retour vers l'ancien style soit échappé à Fénelon comme un trait de censure propre à redonner la vigueur et l'émulation au nouveau style énervé dans plus d'une partie?

Remarquons d'ailleurs que Fénelon n'a voulu parler que

---

[1] « Oserai-je hasarder ici, par un excès de zèle, une proposition que je soumets à une compagnie si éclairée? Notre langue manque d'un grand nombre de mots et de phrases : il me semble qu'on l'a gênée et appauvrie depuis cent ans, en voulant la purifier. Il est vrai qu'elle étoit encore un peu informe, et trop verbeuse. Mais le vieux langage se fait regretter, quand nous le trouvons dans Marot, dans Amyot et dans le cardinal d'Ossat, dans les ouvrages les plus enjoués et les plus sérieux : il avoit je ne sais quoi de court, de naïf, de hardi, de vif et de passionné. On a retranché, si je ne me trompe, plus de mots qu'on n'en a introduit. D'ailleurs, je voudrois n'en perdre aucun, et en acquérir de nouveaux, je voudrois autoriser tout terme qui nous manque, et qui a un son doux, sans danger d'équivoque. »

(*Lettre sur les occupations de l'Académie françoise*, t. III. — Projet d'enrichir la langue.)

des locutions et des tournures qui manquaient au langage présent ; il veut qu'on les redemande au langage ancien qui les a possédées , et quoi de plus juste ? Mais il n'a pas été jusqu'à dire qu'il fallût reprendre les termes surannés , les parenthèses et l'enchevêtrement de la période du temps d'Amyot ou de Duperron.

Voltaire a , du reste , tranché la question entre le style du xvie siècle et celui du xviie avec sa rectitude ordinaire :

« Plusieurs personnes ont cru que la langue française s'était appauvrie depuis Amyot et Montaigne. En effet, on trouve dans ces auteurs plusieurs expressions qui ne sont plus recevables ; mais ce sont, pour la plupart, des termes familiers auxquels on a substitué des équivalents. Elle s'est enrichie de quantité de termes nobles et énergiques ; et, sans parler ici de l'éloquence des choses, elle a acquis l'éloquence des paroles [1]. »

Nous oserons ajouter à cette opinion de Voltaire , qu'il y a dans la langue d'Amyot et de Montaigne des expressions d'une énergie singulière et d'une grâce incomparable. Mais nous pensons que le génie qui a dicté ces expressions se retrouve tout entier dans la langue de Louis XIV. Sauf l'aspect des formes, qui a changé, et l'adoucissement de certaines teintes trop vives et trop éblouissantes pour le goût moderne, tout ce qu'il y a de vraiment beau dans le style du xvie siècle se montre et *rayonne* , pour ainsi dire , dans la diction des écrivains du xviie. Comment supposer que le siècle du jugement et de la perfection ait vu se fermer aucune des sources de l'abandon et de la véritable naïveté ? Il n'est d'ailleurs qu'une parure vraie pour une belle langue , et elle se compose , le plus souvent , des ornements des langues anté-

[1] *Dictionnaire philosophique,* art. *Français ,* section I.

rieures , qu'elle a su choisir dans le passé et ajuster à ses perfections nouvelles [1].

Nous n'insisterons pas davantage sur cette distinction entre les styles des deux siècles ; la question pouvant être

[1] Bossuet est rempli d'expressions qu'on pourrait appeler du vieux langage.

Il s'adresse aux pécheurs :

« Quels sont vos sentiments , ô pécheurs aveugles... lorsque vous ne faites que *secouer le mors* et *regimber* contre toutes les lois...? »
(Ier Sermon pour le jour de la Purification de la sainte Vierge, édit. de Besançon, t. V, p. 590.)

On connaît cette belle expression de la conclusion du *Discours sur l'histoire universelle :*

« Dieu tient du plus haut des cieux les rênes de tous les royaumes ; il a tous les cœurs en sa main, tantôt il retient les passions, tantôt *il leur lâche la bride*, et, par là , il remue tout le genre humain.»

On lit dans le début de la *Chronologie novénaire* de Palma Cayet :

« Quand Dieu *lâche la bride* à nos malheurs , et permet qu'ils nous attaquent , la prévoyance humaine semble inutile aux humains. »

Pascal a dit, en parlant des jansénistes : « Les voilà *tuables* sans difficulté. »   (*Lettres provinc.*, VII.)

Et dans une autre lettre : « Qu'il est digne des défenseurs d'un si pur et si adorable sacrifice, de faire environner la table de Jésus-Christ de pécheurs *envieillis, tous sortant de leurs infamies!* »
(XVIe lett.)

Madame de Sévigné, qu'on a souvent comparée justement avec Montaigne, ne parle-t-elle pas la vieille langue, lorsqu'elle dit : *qu'elle cherche dans le fond du cœur avec une lanterne , qu'elle heurte à la porte de son esprit , qu'elle questionne sa jambe malade* ; ou lorsqu'elle dit qu'on loue M. de Schomberg *à bride abattue* , ou bien encore , lorsqu'elle montre madame de Brissac *chamarée de tendresse et d'admiration*, etc. ?

Quant à La Fontaine, ses conformités avec les vieux poëtes sont trop nombreuses pour qu'il faille les rappeler.

considérée comme résolue par les faits eux-mêmes, puisqu'il est constant qu'on n'a jamais quitté la langue de Fénelon et de Voltaire pour reprendre celle de Duperron et de d'Ossat. Nous rappellerons seulement que cet esprit rétrograde qui fit tenter aux écrivains réfugiés de ramener le style suranné, engendra plus tard le style connu sous le nom de *marotique*, dont on retrouve le malheureux modèle dans certaines épîtres de Rousseau, et la critique si malicieuse dans le *Temple du Goût* [1].

Outre la diffusion, la trivialité, l'affectation du vieux langage, que l'on remarque dans le style réfugié, il faut noter aussi l'invasion d'une nouvelle espèce d'emphase qui n'est plus celle de Balzac, ni même celle des mauvais endroits de Corneille. L'emphase, à l'époque de la formation de la langue, était généralement plutôt dans les pensées que dans les expressions, qui gardaient du moins leur signification propre. Mais dans la période d'altération, l'exagération se manifesta surtout dans les termes : les mots les plus simples se guindèrent ; on vit les locutions ordinaires se gonfler en quelque sorte pour n'admettre souvent que des pensées humbles et communes.

La plupart des écrits composés en Hollande offrent des traces de cette enflure particulière. On en trouve surtout des marques fréquentes dans les œuvres d'un sermonnaire dont on peut citer plusieurs passages éloquents, de Jacques Saurin, qui est considéré avec raison comme le meilleur prédicateur des églises réformées.

La plupart des sermons de Saurin ont quelque chose de ce vague emphatique dont on trouve des traits nombreux chez plusieurs écrivains du xviiie siècle.

---

[1]
Je viens, dit-il, pour rire et pour m'ébattre,
Me rigolant, menant joyeux déduit,
Et jusqu'au jour fesant le diable à quatre.

13

Il dit dans un de ses sermons :

« Un voile ténébreux couvre la puissance de l'âme. »

On a peine à démêler ce que l'auteur entend par ce *voile ténébreux qui couvre la puissance de l'âme.*

Nous avons blâmé précédemment le terme *diamétralement opposé* dans Bayle : Saurin a fréquemment admis ces termes scientifiques qui ont répandu dans la langue tant de vide et de lourdeur :

« Vois si tu pourras atteindre à comprendre une existence sans commencement, une durée sans succession, *une présence sans circonférence, une immobilité sans situation, une agilité sans mouvement,* etc. [1] »

Il dit que « les lois de l'Évangile ont une valeur *intrinsèque* [2]... »

Les sermons de Saurin contiennent aussi de faux mouvements, des exclamations à froid qui prouvent que la justesse et la véritable diversité des tours commençaient dès lors à se perdre. On remarquera dans le passage suivant, outre l'emphase de plusieurs termes, la répétition d'un même trait dont on ne trouverait point d'exemple dans la chaire, même avant la naissance du goût :

« Quel sera donc l'état de ces malheureux, lorsqu'après avoir roulé dans les espaces que nous venons de dépeindre, ils feront cette accablante réflexion, que ce n'est là qu'un atôme de leur misère ! Quel sera leur désespoir, lorsqu'ils se diront à eux-mêmes qu'il faut parcourir encore une fois ces périodes énormes, encore cette privation de bonheur céleste, encore ces flammes dévorantes, encore ces cruels remords, encore ces

[1] Edition de Lausanne, 1759. Sermon *sur les profondeurs divines,* t. Ier, p. 186.

[2] Sermon *sur la manière d'étudier la religion,* t. IV.

crimes et ces blasphèmes ! Pour jamais ! pour jamais ! Ah ! mes
frères, mes frères, que cette parole est rude même dans la vie !
Quand un malheur est grand, même quand il est sans ressource,
même quand on se dit à soi-même pour jamais ! Pour jamais
dans les fers ! Pour jamais dans les chaines ! Pour jamais dans
une prison ! Pour jamais ma réputation ! Pour jamais ma famille !
Pauvres mortels, que vous avez la vue courte, d'appeler ainsi
pour jamais un temps qui finit avec votre vie ! etc. [1] »

On sent assez tout ce qu'il y a de faux et d'outré dans ce
genre d'éloquence : ces répétitions affectées se rapprochent
plutôt du style des mauvaises pièces de théâtre que du vrai
langage de la chaire.

Ce fut dans le même temps où le style prit ce nouveau
caractère de recherche, que l'on vit s'introduire dans les
écrits plusieurs mots vagues et impropres, promptement
adoptés par plusieurs auteurs qui crurent se donner aussi
un air de nouveauté et d'agrément.

Nous citerons par exemple le mot *nature*, pris dans un
sens général pour signifier les *penchants*, les *instincts*, etc.
On sait combien de fois les poëtes du XVIIIe siècle ont parlé
du *murmure de la nature ;* Crébillon, dans la plupart de ses
pièces, ramène ce mot *nature* pris dans un sens faux et recherché :

> Ah ! rendez-vous, seigneur, je vois que la *nature*
> Dans votre cœur sensible excite *un doux murmure.*
> (*Atrée et Thyeste*, acte II, scène IV.)

> Que prétend la fureur dont je suis combattu !
> D'un fils respectueux séduire la vertu !
> Imitons-la plutôt, cédons à *la nature :*
> N'en ai-je pas assez étouffé *le murmure ?*
> (*Rhadamiste et Zénobie*, acte III, scène III.)

[1] Sermon *sur les tourments de l'enfer*, t. II, p. 245.

Fuyez, seigneur, fuyez de ce séjour funeste,
. . . .
Que *la nature* au moins calme votre courroux.
(*Rhadamiste et Zénobie*, acte ii, scène 1re.)

Nous pensons que cette expression a dû tirer son origine des écrivains réfugiés. Saurin l'a souvent employée et presque toujours dans les endroits où il veut vivement frapper l'esprit. Il a pris ce mot de *nature*, non-seulement dans le sens de sentiments et d'instincts, mais aussi dans le sens général d'*univers :* il a souvent appelé Dieu *le maître de la nature.*

Nous citerons aussi le mot *système* comme un de ces termes parasites qui ont pris, vers le déclin de la langue, la place des expressions simples et vraies. Au lieu d'indiquer par ce mot seulement un assemblage de plusieurs faits, suivant sa signification primitive, on lui prêta bientôt une intention particulière. On dit un *système* d'accusation, de politique, pour dire un plan d'accusation, de politique, comme si le mot de système pouvait contenir en soi une intention bonne ou mauvaise.

On lit dans un des sermons de Saurin :

« Avoir un pareil *système* de guerre et de politique, c'étoit s'ouvrir une ample carrière de peine et de travaux, etc. [1] »

Nous ne pousserons pas plus loin le détail des altérations que le style réfugié a fait subir au langage. On conçoit que ces fausses tournures et ces locutions basses ou guindées n'aient pas tardé à se glisser dans le langage même des écrits publiés en France. Les premiers écrivains de Hollande furent loin d'être méprisés ; ces compilations nouvelles, ces traductions d'ouvrages inconnus, ces libelles faits pour satisfaire la malignité d'un siècle déjà las de sa propre gran-

---

[1] Sermon *sur la nécessité des progrès,* t. II.

deur, durent leur attirer des lecteurs en grand nombre. Les productions de ces auteurs reçurent même les louanges des meilleurs esprits du temps [1].

Nous considérons donc comme une des premières causes de l'altération de la langue, le bannissement de plusieurs écrivains français qui allèrent dans d'autres pays prendre le goût étranger et perdre l'image de la véritable éloquence. On vit naître alors cette langue diffuse et négligée de la Hollande, qui n'eut bientôt plus que de faibles traces de la pureté des chefs-d'œuvre. Ces diverses causes de corruption ont du reste été marquées par celui qu'on ne peut s'empêcher de citer sans cesse en matière de goût [2].

[1]   Aux journaux de Hollande, il nous fallut passer ;
       Je ne sais plus sur quoi, mais on fit leur critique.
       Bayle est, dit-on, fort vif ; et s'il peut embrasser
       L'occasion d'un trait piquant et satirique,
       Il la saisit, Dieu sait, en homme adroit et fin :
       Il trancheroit sur tout comme enfant de Calvin
       S'il osoit ; car il a le goût avec l'étude.
       Le Clerc pour la satire a bien moins d'habitude ;
       Il paroit circonspect, mais attendons la fin.
       Tout faiseur de journaux doit tribut au malin.
       Le Clerc prétend du sien tirer d'autres usages,
       Il est savant, exact, il voit clair aux ouvrages ;
       Bayle aussi. Je fais cas de l'une et l'autre main,
       Tous deux ont un bon style et le langage sain.
                  (La Fontaine. *OEuvres diverses.* Lettre XVI, à M. Simon de
               Troyes.)

[2] « Si la langue française doit bientôt se corrompre, cette altération viendra de deux sources : l'une est le style affecté des auteurs qui vivent en France ; l'autre est la négligence des écrivains qui résident dans les pays étrangers. Les papiers publics et les journaux sont infectés continuellement d'expressions impropres auxquelles le public s'accoutume à force de les lire. Par exemple, rien n'est plus commun dans les gazettes que cette phrase : Nous apprenons que les assiégés *auraient* un tel jour battu en brèche ; on dit que les deux armées *se seraient* approchées ; au lieu de : les deux armées se sont rapprochées, les assiégeants *ont battu* en brèche, etc... La plupart des gens de lettres qui travaillent en Hollande, où se

Mais hâtons-nous de dire que toutes les altérations du style ne vinrent pas de la Hollande ; d'autres faits plus directs se mêlèrent bientôt à ces premiers symptômes de décadence. Les nouvelles causes de corruption que nous avons à marquer se manifestèrent, non plus seulement à l'étranger, mais en France et dans l'ancien centre de la délicatesse et du goût.

fait le plus grand commerce de livres, s'infectent d'une autre espèce de barbarie qui vient du langage des marchands ; ils commencent à écrire, *par contre*, pour *au contraire ; cette présente*, au lieu de cette *lettre : le change*, au lieu *de changement*. J'ai vu des traductions d'excellents livres remplies de ces expressions. Le seul exposé de pareilles fautes, doit suffire pour corriger les auteurs.

(Voltaire. — *Mélanges littéraires*. Conseils à un journaliste.)

XV.

Nous n'entreprendrons pas de peindre ici d'un seul trait le changement qui se fit dans les goûts et les mœurs de la nation française, pendant les dernières années du règne de Louis XIV. On sait que la dévotion excessive qui s'était emparée de la cour avec le règne de madame de Maintenon, la vieillesse du roi, les malheurs des dernières guerres, firent perdre insensiblement le goût des beaux-arts, des divertissements et des fêtes. Les lettres eurent à souffrir de ce changement, elles n'eurent plus l'éclat ni la faveur dont elles avaient joui au commencement du règne; l'éloquence elle-même s'abaissa par degrés. Mais il y eut des causes particulières qui agirent directement sur le langage.

On sait que, par une sorte de contradiction naturelle que firent naître les mœurs rigides et outrées de la cour, on vit, dès les dernières années du règne de Louis XIV, commencer les mœurs dissolues de la Régence. On vit se former, sous l'empire de ces nouveaux goûts, des sociétés toutes vouées à une sorte de sensualisme délicat, mêlé d'esprit et de déréglement. Les lettres entrèrent bientôt dans ces compagnies attrayantes sur les pas de certains poëtes ingénieux et débauchés.

Ces sociétés joyeuses, que l'on a appelées des écoles d'élégant libertinage, ces réunions du Temple, du Palais-Royal, etc., firent naître un nouveau genre de poésie qui prit sa source dans les plaisirs des premières années du xviiie siècle. Après les grands poëtes, quand les muses des Racine, des Boileau, des La Fontaine, furent réduites au silence, celles qui jetèrent le plus d'éclat et conservèrent, dans un genre simple et enjoué, la politesse et l'élégance du beau siècle, furent peut-être celles de ces brillants *abbés*, les Chaulieu, les Courtin, les La Fare, qui ont su faire pardonner l'irrégularité de leurs écrits et de leurs goûts par d'heureuses saillies et des défauts aimables.

Mais s'il est vrai qu'il faille considérer ces vers négligés comme l'expression principale de la poésie de ce temps, les autres genres n'ayant plus eu les génies supérieurs pour les soutenir, nous remarquerons d'abord que les mains molles et voluptueuses qui reçurent la langue à l'époque de ses premières altérations, étaient fort différentes de celles qui lui donnèrent l'empreinte forte et sévère de son origine. Il y a loin, sans doute pour le caractère de l'écrivain, de Malherbe à Chaulieu.

On conçoit qu'une juste part de faveur ait été conservée au chantre aimable de *la Tocane* et à ses joyeux acolytes. Cependant, au milieu de ces poésies à rimes redoublées et toutes dans le goût frivole, parmi ces grâces à peine voilées et ces roses un peu artificielles empruntées plus souvent à la muse de Chapelle qu'à celle d'Horace, le style poétique commença à prendre certaines formes incorrectes et irré-gulières qui le firent bientôt pencher vers le prosaïsme ; mais cette influence s'étendit plutôt à la suite du langage qu'elle ne fut d'abord sensible chez ces poëtes de la société du Temple, qui eurent encore la plupart des vrais agré-ments du style.

Nous reviendrons cependant, à propos de leurs produc-tions, vers ce principe que nous n'avons point perdu de vue dans la suite de ces recherches, qui a produit dans la période de formation ces sentiments profonds et ces amours *intellectuelles*, et a enfin conservé à la cour de Louis XIV tant de nobles penchants, la tendresse, l'honneur, le dévouement infini. Sans vouloir trop appuyer sur ce principe de l'*idéalisme* en fait de style, ni avancer en termes absolus que la langue, après avoir été *spiritualiste* pendant la plus grande partie du xviie siècle, devint *matérialiste* vers la fin, ce qui sentirait l'esprit de système, et nous exposerait d'ailleurs à plus d'une contradiction, nous remarquerons cependant que ces teintes prononcées d'idéalisme qui avaient longtemps subsisté dans la langue, s'effacèrent par degrés au commencement du xviiie siècle. Le changement des mœurs ne tarda pas à s'étendre au langage, qui prit un autre caractère plus rapproché du réel, et conforme aux goûts nouveaux.

Ces poésies du Temple, qui respirent plus souvent la volupté que la tendresse, montrent assez que les sentiments purs, les délicatesses de l'âme, et surtout ces atteintes de mélancolie dont nous avons retrouvé l'origine dans certaines productions de la période d'essai, étaient bien loin alors d'être admises dans les mœurs, dominées par le principe contraire.

Ainsi, quand Chaulieu commence une de ses odes par ces vers :

> Viens, Philis, avec moi, viens passer la soirée ;
> Qu'à table les amours nous couronnent de fleurs[1],

on peut dire qu'il y a dans ce début quelque chose de positif et même d'immodeste, qui n'a plus rien du ton de l'ancienne muse française qui a dit dans ses premiers accents :

> Car j'aime trop quand on me veut aimer.

Nous avons regretté précédemment, au risque de tomber dans le raffinement, ces termes de passion qui furent en

---

[1] A Madame la duchesse de Bouillon, 1700.

usage dans la période de galanterie et même dans la langue du temps de Louis XIV : *ma beauté, ma princesse, ma reine, ma divinité*, etc... Ces expressions avaient du moins pour effet de toucher particulièrement l'esprit en ne lui présentant pas une image trop claire de la réalité.

Ces termes de tendresse disparurent à la fin du XVIIe siècle avec les sentiments qui les avaient fait naître. On ne retrouve plus dans les poésies du commencement du XVIIIe siècle d'autre expression pour la langue de l'amour que celle de *maîtresse*, prise dans un sens sur lequel on ne saurait se méprendre.

Chaulieu a dit :

> O toi qui de mon âme es la chère moitié,
> Toi qui joins la délicatesse
> Des sentiments de *ma maîtresse*
> A la solidité d'une sûre amitié, etc. [1]

Ce terme de *maîtresse*, outre ce qu'il a en soi de trop cru, nous semble être bien éloigné de flatter aussi agréablement l'oreille que :

> L'aimable et douce bergère,
> Par qui sous le fils de Cythère, etc.

Fontenelle a donné aussi un des premiers l'exemple de ces locutions que nous appellerons *matérielles*, faute d'un terme plus juste. Dans un de ses dialogues, il introduit la courtisane Phryné conversant avec Alexandre, et lui fait dire : « J'ai extrêmement outré le caractère de *jolie femme.* »

Ce terme de *jolie femme* placé ainsi nous semble choquant, non-seulement par la fadeur, mais surtout parce qu'il est contraire à l'idée de réserve qui est inséparable du génie

[1] Épître au marquis de La Fare, 1703.

de notre langue. Au lieu de *jolie femme*, on eût dit vingt ans auparavant *beauté souveraine*. Nous croyons devoir entrer dans ces détails, qui ne paraîtront peut-être point trop vétilleux, si l'on considère qu'ils s'appuient sur les lois mêmes des bienséances. Ainsi, le mot *beau* est chaste, mais le mot *joli* ne l'est pas.

Nous ne prétendons pas faire de comparaison entre les sonnets métaphoriques de l'hôtel Rambouillet et les poésies de la société du Temple, qui ont reçu les louanges de Voltaire, et ont eu d'ailleurs parmi leur négligence tant de qualités heureuses. Cependant les poëtes de *ruelle*, au milieu du vague de leurs dissertations et de leurs éternels soupirs, étaient chastes du moins et ne cherchaient qu'à ennoblir la diction. Certaines nuances de la belle langue sont même sorties de leur galanterie romanesque, qui n'a point été entièrement perdue pour quelques accents de Bérénice et de Calypso. Mais en quittant la société du Temple, la poésie légère ira se perdre, il faut le dire, dans les vers d'almanachs, qui tiennent tant de place dans les lettres du xviiiᵉ siècle.

Bien que l'altération ait d'abord été plus sensible dans le style poétique que dans la prose, on n'en doit pas moins noter chez certains prosateurs de la fin du xviiᵉ siècle des signes de corruption, d'autant plus dangereux qu'ils ont souvent été entourés de plusieurs des perfections de la langue.

Nous ne parlerons pas d'un grand nombre d'auteurs médiocres du commencement du xviiiᵉ siècle, qui ne serviraient qu'à prouver l'abaissement de la plupart des genres si florissants dans le siècle passé. Nous arrivons directement à considérer la diction relevée chez un célèbre orateur chrétien, Massillon, qui a été mis avec raison au rang des grands prosateurs français, et dont les beautés sont d'ailleurs assez connues pour qu'il soit permis de reprendre quelques-unes de ses taches.

Il ne faut pas sans doute demander à un écrivain ce qui n'est pas suivant la nature de son génie ; mais sans rechercher dans Massillon ni la tendre et divine simplicité de Fénelon, ni la fougue sublime de Bossuet, il nous semble qu'on ne peut lire de suite plusieurs des sermons de cet orateur sans être frappé de la régularité générale des périodes, qui toutes se déroulent avec noblesse et majesté, mais souvent avec trop de pompe et de symétrie. La phrase de Massillon est déjà plus ronde et pour ainsi dire *plus faite* que n'était celle d'aucun des sermonnaires précédents. Cette marche lui a souvent fait perdre la diversité des mouvements, bien qu'il soit encore rempli de tours heureux ; mais Massillon composait fort vite, et la promptitude du langage s'accommode mieux d'une marche égale et régulière que des saillies impétueuses, qui demandent plus de soins sous un apparent abandon.

Le langage de Massillon, malgré tout son art, a souvent de la diffusion, mais non point celle du commencement du siècle, qui tenait surtout à la divagation des pensées ; la diffusion de cet orateur, mêlée d'ailleurs de tant d'élégance et de pompe, remplit sans cesse l'oreille de belles cadences et de chutes harmonieuses. Cependant, on ne peut s'empêcher de remarquer que les périodes de son style sont souvent plus vastes que les pensées. La nécessité de remplir certaines phrases sonores faites surtout pour flatter l'oreille, lui a suggéré plusieurs expressions vagues qui annoncent que l'éloquence n'a déjà plus le nerf ni la vigueur du temps de la perfection.

Nous remarquerons dans le passage suivant une de ces expressions que nous oserons appeler de *remplissage*, et que l'habitude de trop céder à sa brillante abondance a pu seule empêcher Massillon de retrancher.

Il peint ainsi, dans un de ses sermons, le pécheur mourant :

« Il se roule dans ses propres horreurs ; il se tourmente, il s'agite pour fuir la mort qui le saisit, ou du moins pour se fuir lui-même, il sort de ses yeux mourants je ne sais quoi de sombre et de farouche, qui exprime les fureurs de son âme. »

Il nous semble qu'un écrivain du bon temps se serait arrêté sur ce trait : *Je ne sais quoi de sombre et de farouche*, qui dit assez ; le membre de phrase suivant, qui *exprime les fureurs de son âme* nous paraît avoir été mis là seulement pour compléter les nombres de la période.

Il continue :

« Il pousse du fond de sa tristesse des paroles entrecoupées de sanglots... Il jette sur un Dieu crucifié des regards affreux, et qui laissent douter si c'est la crainte ou l'espérance, la haine ou l'amour qu'ils expriment. »

Nous ferons la même remarque sur cette autre phrase. Après ces mots *les regards affreux*, ce qui suit et *qui laissent douter si c'est la crainte ou l'espérance*, etc., se rattache trop faiblement à l'image *des regards jetés sur un Dieu crucifié*.

On pourrait citer dans Massillon plusieurs de ces phrases parasites qui ne font qu'allonger inutilement la diction, par une vaine suite de mots. Cet orateur a même quelques traits de ce vide emphatique, dont nous avons déjà noté plusieurs exemples dans le style réfugié :

« Quelle sera l'extrémité d'une populace obscure, réduite peut-être comme cette mère infortunée, non à se nourrir du sang de son enfant, mais à faire de son innocence et de son âme le *prix funeste de sa nécessité* [1]. »

On peut se demander le sens d'une pareille expression, *le*

[1] Sermons pour le carême. VIᵉ dimanche : *sur l'aumône.*

prix funeste de sa nécessité : ce terme est vague, et par conséquent emphatique ; un écrivain du temps de Louis XIV ne l'eût point admis.

Nous noterons dans la phrase suivante une inversion qui restera parmi les tours favoris du mauvais style déclamatoire du XVII° siècle :

« *Elles n'étoient* pas essuyées, nos larmes ; et une princesse aimable est enlevée dans la plus belle saison de son âge, etc. [1] »

On regrette aussi de trouver dans Massillon l'emploi du mot *système*, pris dans ce sens faux et recherché que nous avons également signalé dans le style réfugié.

On lit dans le même discours :

« Vaines idées de perfection qui, sous prétexte d'élever l'homme jusqu'à Dieu, le laissiez tout entier à lui-même... Nouveau *système d'oraison*, si inconnu à la simplicité de la foi. »

Un système d'oraison ne peut être admis dans le langage soutenu, et encore moins dans le genre noble et simple que demande l'éloquence de la chaire.

Faut-il remarquer que ces critiques de détail ne sauraient attaquer en rien le fond même du mérite de Massillon, qui sera toujours considéré comme une des gloires de la chaire du XVII° siècle ? Ce ne sont même là que des fautes rares et passagères qui se trouvent comme perdues au milieu de tant de pages d'une incontestable beauté. Mais si déjà on remarque des affectations ou de fausses tournures dans un écrivain de la force de Massillon, on peut présumer ce que sera le langage chez des écrivains d'un ordre inférieur.

Tandis que le style commençait à s'éloigner, dans le genre relevé, de la pureté et de la précision, d'autres altérations non moins notables se manifestaient dans des genres

[1] Oraison funèbre de Louis XIV.

différents. La fureur du bel esprit, l'envie de plaire surtout aux femmes et aux esprits légers, produisit bientôt dans la prose un langage écourté, sautillant, tout en jeux et en saillies, dont on trouve le modèle dans certains mémoires et dans les romans du commencement du xviiie siècle. On voulut que chaque chapitre et chaque alinéa se terminât par un trait vif et surprenant. Le style de la formation avait été trop périodique, celui de la décadence fut trop coupé, et il faut reconnaître qu'il y avait plus de difficulté à reconstruire la véritable période, ses membres une fois dispersés, qu'il n'y en avait eu dans l'origine à retrancher le superflu de l'ancienne phrase.

Les plumes, autrefois si mesurées et si lentes, devinrent emportées, irrégulières, bonnes seulement pour la course et la frivolité. Dans ce temps qui sépare le xviie siècle du xviiie, on ne peut s'empêcher de regretter ces anciens grammairiens, les Vaugelas, les Patru, les d'Ablancourt, qui s'étaient faits les réformateurs humbles et désintéressés de la diction. La fin du xviiie siècle ne vit plus paraître que des esprits du genre des *Dangeau*, étroits et vétilleux censeurs, mieux faits pour faire sentir les épines de la langue que pour en maintenir les beautés.

Tandis que ces commencements de corruption se faisaient sentir dans la plupart des écrits, ou vit bientôt se reproduire un fait qui se réunit à ces causes pour effacer plusieurs traits marquants du beau langage. Nous avons déjà parlé de la guerre entamée par Perrault contre les anciens, et qui n'eut d'abord d'autre effet que de soulever contre ces fausses doctrines tous les grands écrivains du siècle. Vingt ans plus tard, cette guerre se renouvela, mais on doit observer la différence des temps, pour reconnaître quelles suites elle eut quant aux destinées du style.

Lorsque dans les premières années du xviiie siècle, l'antiquité se vit attaquée de nouveau, elle était loin d'avoir autour d'elle les mêmes appuis qu'au temps de la première guerre. La plupart de ses anciens défenseurs étaient morts ou réduits au silence, tandis que les esprits les plus vifs et les plus ardents tournaient leurs armes contre elle.

Ce n'est plus, dans cette reprise d'attaques, Perrault ou Benserade, ou quelque autre auteur méprisé, qui va lancer contre les anciens des traits faibles et sans portée ; c'est la fleur du bel esprit, de la délicatesse, et même du savoir du temps, qui va rouvrir la querelle : c'est Fontenelle, le célèbre auteur des *Mondes* et l'un des meilleurs écrivains du commencement du xviiie siècle ; c'est La Motte Houdart, autre esprit ingénieux et délié, habile à envelopper un trait de moquerie dans tous les agréments de la politesse. Tels sont les nouveaux adversaires de l'antiquité, dont le culte n'est déjà que trop affaibli par l'indépendance des esprits et la légèreté des goûts nouveaux.

L'antiquité fut cependant défendue ; mais l'érudition toute pure, si toutefois on doit donner ce nom au savoir dépouillé des grâces de la politesse, prit seule en main la défense des anciens. Madame Dacier entreprit de répondre aux attaques de La Motte, et sa défense fut plus nuisible que favorable à la cause qu'elle soutenait. Elle mêla les injures aux citations ; elle emprunta le ton des Scaliger et des Saumaise , et cita Aristote quand il eût fallu se contenter de transcrire une page des *Aventures d'Aristonoüs*.

Les réponses de La Motte respirent au contraire l'enjouement et l'urbanité d'un esprit fin et discret, fort mauvais Grec à la vérité, mais, il faut en convenir, excellent Français , soit qu'en avouant ingénument son ignorance de la langue grecque, il adresse à madame Dacier des remerciements en échange des injures dont elle l'accable, « puisque c'est à son érudition qu'il doit d'avoir pu lire l'*Iliade,* » soit qu'il suppose que cette dame a pu rapporter du commerce des héros d'Homère les termes outrageants qu'elle lui adresse, et qu'il appelle « des injures harmonieuses qui ont toute la simplicité des temps héroïques. » Il faut se reporter à l'époque où ces choses-là ont été écrites, dans un temps où on était las d'éloquence et de beau langage, et où l'on ne cherchait dans les écrits que la destruction de tout ce qu'on avait si long-temps admiré.

Quant aux reproches adressés aux anciens par Fontenelle et La Motte, ils n'ont guère plus de solidité ni de raison que ceux de Perrault et de tous ceux qui ont attaqué l'antiquité. « *Les anciens ignoraient l'art des bienséances; les mœurs des héros d'Homère sont trop grossières, ses comparaisons trop longues, ses discours trop diffus; on juge les auteurs anciens avec un sentiment d'indulgence qu'on n'a pas pour les modernes, etc.* » Sans nous arrêter à ces critiques générales, qui ont jeté Fontenelle et La Motte dans de si étranges méprises, nous croyons que de ces attaques dirigées par les mains habiles de deux des meilleurs écrivains du temps, et de la faveur publique qui s'attacha à leurs écrits, sans que l'antiquité ait eu de défenseurs réels, il est permis de tirer cette conséquence, qu'à l'époque où parurent les écrits de Fontenelle et de La Motte, c'est-à-dire vers l'année 1710, le vrai goût de l'antique était sinon entièrement perdu, au moins fort affaibli dans les lettres.

Mais nous tirons cette conséquence non pas tant des attaques ouvertes dirigées contre les anciens que des critiques d'un certain genre qui dénotent un esprit nouveau, opposé aux impressions pures et naïves des beautés antiques. Ainsi, quand La Motte blâme Homère d'avoir montré Thétis, au moment où elle apporte les armes de son fils, écartant les mouches du cadavre de Patrocle, et ne voit dans ce soin si tendre *qu'une image basse*, on peut dire que La Motte méconnaît là un des plus sensibles effets de la poésie antique, qui produit de si beaux contrastes en mêlant des sentiments familiers aux plus graves objets de la douleur.

Il en est de même de Fontenelle, qui reproche à Théocrite, comme un détail bas et superflu, d'avoir montré dans sa première églogue le berger Daphnis disant adieu aux ours et aux loups des antres de la montagne [1]. Un traducteur moderne pense que ces adieux n'ont rien d'extraordinaire, parce que les ours et les loups ont dû être apprivoisés par la douceur des chants de Daphnis [2]. Nous croyons qu'il est plus juste et plus conforme au génie des anciens de rapprocher ce mouvement des exclamations de Philoctète, si heureusement empruntées à Sophocle par le génie de Fénelon : « O rivages ! ô promontoires de cette île ! ô bêtes farouches ! ô rochers escarpés ! c'est à vous que je me plains ! Adieu, cher antre... ! adieu, rivage où tant de fois j'ai souffert les injures de l'air...! adieu, douces fontaines qui me fûtes si amères ! etc. »

D'autres passages de La Motte et de Fontenelle prouvent également que le véritable sentiment de l'antiquité était alors presque entièrement subordonné au bel esprit. Il est à regretter sans doute que les anciens n'aient pas eu de meilleurs défenseurs ; mais, s'en fût-il rencontré, auraient-ils été entendus ? Les mœurs et les inclinations de cette époque, qui annonçaient la régence, n'étaient plus, disons-le, tournées à l'antique, et malheureusement ce goût-là ne renaîtra qu'imparfaitement dans tout le cours du siècle.

Mais comment les anciens, étudiés et imités avec tant de soin et de perfection sous le règne de Louis XIV, se virent-ils, vingt années après, si universellement abandonnés ? Nous avons noté quelques-unes des causes générales de ce changement ; mais il y en eut une plus naturelle et plus directe, qui a été indiquée par Huet en termes francs et justes [3]. La paresse d'esprit, la crainte de la fatigue et du

---

[1]   Ὦ λύκοι, ὦ θῶες, ὦ ἀν' ὤρεα φωλάδες ἄρκτοι

Χαίρεθ, Ὁ βωκόλος ὕμμιν ἐγὼ Δάφνις οὐκ' ἔτ' ἀν' ὕλαν,

Οὐκ' ἔτ' ἀνὰ δρυμὼς, οὐκ ἄλσεα.

[2] Idylles de Théocrite, traduites par J. Geoffroi, 1823.

[3] « Quand je suis entré dans le pays des lettres, elles étoient encore florissantes, et plusieurs grands personnages en soutenoient

genre d'application que nécessite l'étude des anciens, contribuèrent beaucoup à les faire négliger au commencement du XVIIIe siècle. On s'éloigna des originaux, on les abandonna aux érudits de profession ; on crut que l'intelligence particulière de leurs tournures et de leurs beautés n'était que l'office des traducteurs. On inventa même un mot nouveau pour couvrir l'ignorance; on dit qu'il était *peu digne d'un philosophe* de passer de longues années à étudier la langue grecque pour sentir les perfections d'Homère ou de Sophocle. Nous ne voulons pas censurer le mot de *philosophe*, qui a été si souvent et si heureusement employé par Voltaire contre le fanatisme et l'ignorance; mais il nous semble qu'en fait de style, ce terme a plus d'une fois obscurci les locutions et les pensées. Racine fils, poëte élégant et pur, mais esprit trop faible pour pouvoir arrêter la décadence, a dit avec beaucoup de justesse, à une époque où il était de mode de dénigrer Boileau : « Ce n'est pas pour Boileau que

la gloire. J'ai vu les lettres décliner et tomber enfin dans une décadence presque entière, car je ne connois presque personne aujourd'hui que l'on puisse appeler véritablement savant. Ce qu'il y a de pis, c'est que non-seulement le goût, l'amour et l'estime des lettres s'éteignent de jour en jour, et que l'ignorance reprend le dessus et étouffe les restes de l'érudition, comme les chardons et les ronces étouffent les bonnes herbes dans un champ mal cultivé; mais que cela se fait à dessein, et qu'il se forme une cabale de gens ignares et non lettrés qui sentant leur incapacité et ne pouvant se résoudre à une étude de plusieurs années, parce qu'elle les obligerait à sortir de leur crasse, à quitter leur vie molle, et les douceurs de leur fainéantise, le verbiage, et les fadaises de leurs caffés, ont cherché un chemin plus court pour réparer leurs défauts et se mettre au-dessus de ceux auxquels ils se reconnoissent si inférieurs, et dont la comparaison les rendroit méprisables. Ils ont entrepris de se faire un mérite de leur incapacité, de ridiculiser l'érudition, et de traiter la science de pédanterie. Pour décrier l'étude de l'antiquité, ils ont décrié le mérite des anciens qu'ils ne connoissent point, et lui ont préféré celui des modernes, c'est-à-dire le leur. »

(Huetiana, 1722, p. 1.)

je crains; je crains pour nous-mêmes, et j'appréhende que
cet esprit philosophique que nous voulons étendre sur tout
n'éteigne parmi nous le génie. A force de raisonner sur la
poésie, nous n'en aurons plus [1]. »

Ce relâchement de l'érudition, qui a été marqué par tous
les bons esprits de la fin du xviie siècle [2] et s'étendit bientôt
à toutes les branches des connaissances, doit être considéré
comme une des causes principales de l'altération du langage. On ne nous accusera pas sans doute d'avoir trop donné
à l'influence de l'antiquité dans la perfection du style. Nous
n'avons pas craint de montrer les études des grands écrivains presque restreintes à un cercle choisi de poëtes, d'orateurs et de philosophes anciens. Mais si on porte atteinte à
ce cercle d'élite, ou qu'on y substitue les pâles images des
traductions, où seront les véritables modèles du discours ?
Qui ne sent d'ailleurs que vouloir séparer notre langue de
la grecque et de la latine est comme la réduire à un état de
nudité et d'isolement ? Cette idée, que l'on peut atteindre à
la perfection du français sans le secours des anciens, et à

[1] *OEuvres de Racine fils*, 1747, t. III , p. 140.

[2] « Ceux qui ont commencé à élever la gloire du barreau, vouloient
paroître tout savoir : nous faisons gloire de tout ignorer. Ils por-
toient souvent jusqu'à l'excès l'amour d'une vaste érudition ; rougissant de penser et de parler d'eux-mêmes, ils croyoient que les
anciens avoient pensé et parlé pour eux , ils travailloient plus à les
traduire qu'à les imiter, et ne permettant rien à la force de leur génie, ils mettoient toute leur confiance dans la profondeur de leur
doctrine. Grâce au retour du bon goût , dont nous avons vu
luire quelques rayons , on a senti le vice et l'esclavage de cette
savante affectation. Mais la crainte de ces excès nous a fait tomber
dans l'extrémité opposée : nous méprisons l'utile , le nécessaire
secours de l'étude et de la science ; nous voulons devoir tout à
notre esprit, et rien à notre travail. Et qu'est-ce que cet esprit dont
nous nous flattons vainement, qui sert de voile favorable à notre
paresse ? »

(D'Aguesseau. — *Des Causes de la décadence de l'éloquence,*
iiie discours, 1699.)

laquelle de judicieux esprits, tels que Rollin, ont du moins soustrait les jeunes études, semble s'être étendue à tout le xviiie siècle. Les écrivains les plus graves l'ont admise, sans doute pour flatter le goût général. On ne peut s'empêcher de sourire lorsqu'on lit dans le discours préliminaire de la *Bibliothèque françoise*, du vénérable abbé Goujet, qu'il n'a entrepris son livre « que pour ceux qui ignorent les langues savantes et veulent se borner *à des études françoises.* »

Il semble que le principe dominant de cette période ait été de tout abaisser, de tout aplanir dans la diction, de réduire l'art d'écrire à la simple pratique d'une routine. Les mêmes esprits qui s'efforçaient de secouer le joug de l'antiquité, cherchaient aussi à ôter au langage de la poésie la rime, la mesure, et à abolir enfin les lois des vers. Ces erreurs, si brillamment combattues par Voltaire, n'en ont pas moins influé sur la diction poétique. On vit, par suite de ces nouveaux principes, disparaître insensiblement de l'éloquence ces naïvetés et ces hardiesses qui formaient les grands traits du langage, et que Racine fils a désignées sous le nom de *gallicismes*, faute d'un mot plus noble et plus juste [1]. En s'éloignant de l'antique, le style s'éloigna aussi par degrés des sources naturelles de l'ancienne diction. On redoutait tout ce qui sentait le goût de la simplicité et la fierté des tours ; les vives et précieuses irrégularités du temps des chefs-d'œuvre n'eussent plus passé bientôt que pour des écarts ou des singularités inadmissibles. L'esprit

---

[1] Il cite dans ses *Réflexions sur la poésie* plusieurs exemples tirés des pièces de son père :

Chatouilloit de mon cœur l'orgueilleuse foiblesse.
. . . .
J'ai tantôt sans respect *affligé sa misère.*
. . . .
Et de David éteint *rallumé le flambeau.*
. . . .
Je ceignis la tiare et *marchai* son égal, etc.

se mêla à tout. On a reproché au XVIe siècle d'avoir employé *la doctrine toute crue;* ne peut-on pas dire que le bel esprit *tout cru* fut employé au commencement du XVIIIe? Fénelon, témoin des premières corruptions de la langue, a noté cet abus :

« On tombe dans le défaut de répandre un peu trop de sel, et de vouloir donner un goût trop relevé à ce qu'on assaisonne ; on fait comme ceux qui chargent une étoffe de trop de broderie. Le goût exquis craint le trop en tout, sans en excepter l'esprit même. L'esprit lasse beaucoup dès qu'on l'affecte et qu'on le prodigue. »   (*Lettre sur les occupations de l'Académie,* v.)

Cependant, au milieu de ces divers signes de décadence, la langue du temps de Louis XIV conservait encore des partisans qui s'élevaient parfois contre la corruption du style. Mais que peuvent quelques voix isolées contre l'entraînement général? Aux époques de déclin, il se rencontre souvent de ces esprits justes et modérés qui cherchent à rétablir le vrai goût à l'aide de la censure et des représentations ; mais presque toujours leurs tentatives sont vaines, car ils sont eux-mêmes incapables de prêcher d'exemple, et la faiblesse de leurs écrits fait tort à leurs doctrines.

Les écrivains du commencement du XVIIIe siècle qui avaient conservé le goût du beau style eurent d'ailleurs une pente funeste à copier les formes et jusqu'aux expressions marquantes des chefs-d'œuvre du temps de Louis XIV. Ce penchant à la servilité était plus fait sans doute pour éloigner les esprits des vrais principes de la langue que pour les y ramener.

Ainsi on trouve ces vers dans un des poëmes de Racine fils :

Que de riches tombeaux élevés en tous lieux,
Superbes monuments qui portent jusqu'aux cieux
Du néant des humains l'orgueilleux témoignage[1] !

[1] *La Religion.*

On ne saurait approuver cet emprunt, presque littéral, d'une des expressions les plus hardies et les plus connues de Bossuet : le vrai poëte doit montrer ses propres beautés, et non celles d'autrui.

Campistron, dans une de ses tragédies, s'approprie à la fois la tournure et les expressions mêmes de deux vers de *Britannicus*; il fait dire à un de ses personnages :

> Je parlerai du moins avec la liberté
> D'un Grec qui ne doit pas cacher la vérité.
> (*Alcibiade,* acte III, scène II.)

L'imitation de l'un des mouvements de la poésie de Racine, quoique beaucoup moins sensible que dans les exemples précédents, nous semble cependant encore trop marquée dans ce passage de l'un des sermons de Massillon :

« Quoi de plus doux, en effet, que de pouvoir compter qu'il n'est pas un moment dans la journée où des âmes affligées ne lèvent pour nous les mains au ciel, et ne bénissent le jour qui nous vit naître[1] ! »

Ces imitations, ou pour mieux dire ces plagiats de la langue des chefs-d'œuvre, peuvent servir à caractériser la faiblesse des poëtes qui conservaient encore la correction et la pureté. Sans vouloir prendre en aucune façon parti pour les corrupteurs, on peut assurer que rien n'était plus contraire à la véritable éloquence que de voir transporter dans un fonds étranger, les expressions mêmes des grands écri-

---

[1] Sermons pour le carême. IVe dimanche : *sur l'aumône.*

> Quel plaisir de penser et de dire en vous-même :
> Partout, en ce moment, on me bénit, on m'aime ;
> On ne voit point le peuple à mon nom s'alarmer,
> Le ciel dans tous leurs pleurs ne m'entend pas nommer!
> (*Britannicus.*)

vains, encore toutes récentes et toutes vives, si l'on peut dire. C'était tomber dans le style *mendié* et reproduire l'affectation des singes du style attique dont s'est moqué Cicéron[1]. Les chefs-d'œuvre ne fournissent que les principes et le modèle du style, mais non le style lui-même.

Nous pourrions joindre à ces indications générales beaucoup d'autres faits relatifs à la corruption, car il faut reconnaître qu'en s'éloignant du beau siècle, la langue, si ce n'est dans quelques productions excellentes, ne revint guère à son caractère primitif. Mais en poussant plus loin nos recherches, nous craindrions d'entrer dans le style du xviii° siècle et de dépasser les bornes de notre sujet. Notre dessein a été seulement de rechercher quelques-unes des variations que la langue du xvii° siècle a pu subir avant ou après le temps de sa formation ; nous devons donc éviter tout ce qui pourrait nous faire perdre de vue le centre même de la langue de ce siècle.

Nous prendrons l'année 1720 comme notre dernière limite; c'est celle où Voltaire et Montesquieu publièrent leurs premiers écrits. Un nouveau style paraît dans leurs productions, ou plutôt l'ancienne langue renaît, car nous croyons qu'il est juste de reporter toutes les belles pages du xviii° siècle aux sources des chefs-d'œuvre du règne de Louis XIV. Cette langue doit suffire à tout ; les pensées où elle n'arriverait pas doivent être réputées confuses ou fausses. Nous ne faisons exception que pour certaines qualités d'enjouement et d'éclat du style de Voltaire, que les écrivains du xvii° siècle n'ont pas eues ou peut-être ont craint d'avoir. Nous nous appuierons ici encore une fois sur l'autorité de Voltaire lui-même, qui s'est, dans plusieurs de ses écrits, prononcé nettement sur le caractère des deux styles :

[1] « Attico genere dicendi se gaudere dicunt, sapienter id quidem. Atque utinam imitarentur, nec ossa solum, sed etiam sanguinem ! »
(*Brutus*, xvii.)

« Le siècle de Louis XIV, a-t-il dit, a donné la vogue à la
langue française, et nous vivons actuellement sur notre crédit[1]. »

Mais après avoir essayé de rechercher quelques-unes des
altérations du style, les avoir même étendues à toute la
durée du xviiie siècle, qui ne retrouvera jamais peut-être,
même dans ses plus beaux écrits, le point de l'ancienne
perfection, nous devons dire que nous ne considérons au-
cunes de ces altérations, si sensibles qu'elles soient, comme
à jamais passées dans la langue. Nous avons prononcé le
mot de *décadence*, mais faute d'un terme moins absolu et
moins tranchant pour désigner les changements introduits
dans le discours. Ainsi, loin de nous la pensée de dire,
comme on l'a fait quelquefois en se reportant aux destinées
de la langue latine, que la décadence est une suite nécessaire
d'une époque de perfection. Outre qu'on ne saurait faire
des vicissitudes d'une langue ancienne une loi nécessaire
des styles modernes, le style français en particulier contre-
dirait ce principe par plus d'un fait. Quelle que soit la pente
équivoque ou fausse où il se trouve entraîné, il n'est point
d'erreurs de goût, d'affectations, ni même de vices réels
dont il n'ait en soi la vertu de se défaire.

Nous sommes heureux d'avoir à remarquer que cette opinion remonte au xviie siècle et s'est formée à la plus belle
époque des lettres, dans un temps où la langue semblait
avoir puisé dans sa propre perfection le sentiment de sa
force et de sa durée.

Nous citerons en témoignage les paroles d'un écrivain du
siècle de Louis XIV, dont nous prenons l'opinion, ainsi que
nous l'avons fait précédemment, non comme une autorité
particulière, mais comme l'expression même de la pensée
du temps.

[1] *Lettre à l'abbé d'Olivet.* **Corresp. 1754.**

On lit dans un des livres du P. Bouhours :

« La langue françoise a quelque chose de singulier et d'extra-ordinaire, qui doit la préserver de la corruption à laquelle les autres langues sont sujettes..... Le seul caprice des hommes est capable de faire quelques changements dans le langage. C'est la nature des choses vivantes de changer de temps en temps ; et s'il y a quelques langues modernes qui ne changent point, elles doivent être comptées entre celles qui sont mortes. Je ne prétends donc point que la nôtre ne change point du tout, mais je prétends que les changements qui s'y feront dans la suite des siècles ne seront pas plus essentiels ni plus remarquables que ceux qui s'y sont faits depuis trente ans ; je veux dire qu'ils n'altéreront pas le fond de la langue. Il y aura toujours la mesme naïveté, la mesme clarté, le mesme ordre et le mesme tour dans le style. Quelques mots et quelques façons de parler pourront s'établir ou s'abolir, selon la bizarrerie de l'usage, mais ce changement sera tout au plus comme une légère maladie qui arrive dans la force de l'âge, et qui ne change ni le tempérament ni l'humeur [1]. »

Nous n'ajouterons rien à cette opinion que le génie même de la langue du xviie siècle semble avoir dictée. Plusieurs écrits de la fin du règne de Louis XIV nous ont paru constituer dans le style une sorte de décadence, et il est peu de parties de la belle langue qui n'aient été alors gravement altérées. Mais, comme l'a dit le père Bouhours, ce n'est là qu'une maladie, et dût-elle s'étendre à tout un siècle et même au-delà, tôt ou tard la langue doit en revenir.

Nous terminerons par là ce qui a rapport aux altérations du style.

[1] *Entretiens d'Ariste et d'Eugène,* p. 124 et suiv.

CONCLUSION.

Essayons de résumer dans ces dernières pages , non pas tant les faits contenus dans ces recherches que les pensées qui en forment l'esprit.

Notre premier dessein a été d'observer les éléments qui ont composé la langue des chefs-d'œuvre du règne de Louis XIV. Mais nous devons reconnaître (ce qui eût pu aussi bien être dit en commençant) qu'il y a nécessairement dans le fond de cette langue une partie qui échappe à toute recherche. La formation d'un style fait pour être éternellement l'admiration des siècles, a, comme toutes les grandes choses de l'humanité, certaines causes cachées et mystérieuses que l'on ne peut se flatter de découvrir.

Mais tout en admettant l'influence d'une puissance souveraine au-dessus des éléments de la langue , nous ne donnerons pas à cette influence une trop grande place. Peut-être même doit-elle s'appliquer plutôt à l'ensemble du siècle qu'à la formation particulière du langage.

Ainsi, nous éloignons tout ce qui pourrait faire considérer le style du temps de Louis XIV comme une faveur particulière de la Providence, qui aurait départi à une certaine époque toutes les perfections du goût et de la diction. En admettant ce que le xviiᵉ siècle a pu avoir de privilégié dans son éloquence comme dans tant d'autres choses, nous disons aussi que si ce siècle a eu une langue noble et parfaite, il l'a formée en grande partie, longtemps façonnée, travaillée, et l'a mise enfin lui-même dans toute sa perfection.

C'est en vue de ce principe que nous avons essayé de remonter jusqu'aux origines de la diction. Au risque de tomber plus d'une fois dans les minuties, nous avons marqué la naissance des expressions, des tournures dans lesquelles nous avons cru reconnaître les traces de la vraie langue.

Nous l'avons prise au commencement du siècle, au moment où, malgré sa faiblesse et son inégalité, elle cherche déjà sa physionomie propre dans la régularité, la précision et la diversité des tours. En sortant des mains de Malherbe, ornée de qualités élevées mais hâtives, elle passe dans celle des grammairiens : là elle dépouille tout ce qui lui restait encore du siècle précédent, elle s'appauvrit en apparence. Nous n'avons pas craint de la montrer à une certaine époque, celle de la fondation de l'Académie, déjà pure, correcte, et pourtant inférieure peut-être à celle du xvie siècle, car les ornements, les figures, la plupart des beautés du discours lui manquent encore.

Mais bientôt elle s'avance dans des voies autres que celles de la correction ; elle revêt des images qui ne sont, il est vrai, empruntées d'abord qu'à la recherche et au faux goût, mais l'excellent fonds que lui ont formé certains esprits justes résiste à ces atteintes. Elle sort par degrés de ces fadeurs, le jargon se dissipe, et le vrai style reparaît plus délicat, plus orné, et déjà propre à exprimer les choses de l'âme.

Bientôt aussi l'érudition, polie elle-même par les lettres, leur prête ses lumières : d'illustres écoles se fondent ; la diction fait des beautés de l'antiquité comme un fonds nouveau. Plus le beau siècle approche, et plus les efforts se multiplient ; le style s'ennoblit chaque jour sans rien perdre de ses qualités primitives, l'énergie, la simplicité, les mouvements : quelque chose même de la vieille gaîté renaît dans un genre bas et méprisé, qui n'est pas sans avoir quelques bons effets. Tout à coup, dans cette époque déjà si active et si polie qui précède celle des chefs-d'œuvre, un fait nouveau se présente, mais qui semble indépendant de tout ce qui a été jusqu'alors tenté. Les *Lettres provinciales* paraissent, et ce livre est un des plus accomplis de la langue française.

Enfin s'ouvre l'époque de la perfection, si heureusement préparée par tant d'efforts progressifs. On dirait que des lettres nouvelles naissent sous le règne de Louis XIV. Tous les éléments de la perfection s'unissent dans ces grands génies qui ont, non plus par intervalles, mais comme des qualités de nature, la diversité, l'énergie, la précision, et surtout ce goût de l'antiquité si admirablement proportionné par eux aux lois de la langue. Quand le style a atteint son plus haut point de perfection, le siècle le reconnaît, il sent que l'éloquence ne peut tenter d'aller plus haut sans s'égarer, et il laisse dans les écrits du temps le témoignage de sa propre grandeur.

Vers la fin du siècle, nous avons eu à signaler les premiers signes d'altération, mais en éloignant tout ce qui pouvait mêler à cette corruption quelque idée de fatalité. La plupart de ces altérations ont eu en elles-mêmes leur cause réelle et sensible ; aucune ne peut être considérée comme enracinée dans le corps de la langue, et, sur ce fait-là, le siècle nous a encore fourni son propre témoignage.

Sans vouloir mettre de liaison artificielle entre les causes de la formation et celles de la décadence, nous devons reconnaître cependant que la diction s'est altérée en abandonnant une partie de ses anciens principes, une étude saine et précise, la modération dans le bel esprit, le vrai goût de la simplicité. Nous avons vu, vers la fin du siècle, l'enflure et le relâchement se mettre dans la langue, puis disparaître par degrés plusieurs des dons inestimables qui avaient fait du style du temps de Louis XIV le plus parfait des âges modernes.

Nous essaierons, après avoir recueilli quelques-uns des faits relatifs à l'éloquence du xviie siècle, de tirer de cet examen sommaire cette dernière conclusion :

Que la plupart des siècles peuvent faire eux-mêmes leur langue en grande partie ; que tant qu'on sentira les mérites de la diction du temps de Louis XIV, il est permis de reconquérir ou de conserver sinon ses perfections mêmes, du moins tout ce qui tient en elle à la pureté et à la justesse. Les germes subsistent, et les principes de raison et de goût qui ont servi à la fonder ne sont pas détruits. Nous rappellerons les efforts du siècle lui-même dont nous avons cherché à marquer la lente et laborieuse progression. L'expérience moderne peut toujours sans doute atteindre le but que s'est proposé le temps encore rude et simple où l'éloquence s'est formée.

Nous citerons, pour terminer, un de ces anciens critiques que nous pouvons appeler *un de nos auteurs,* car son nom est attaché à l'origine du style du xvii° siècle. Vaugelas a été un des premiers dépositaires de ses titres, et semble avoir voulu défendre que l'on pùt jamais désespérer de l'état du langage et du goût français.

On lit dans la préface des *Remarques sur la langue françoise :*

« Il ne faut pas accuser nostre langue, mais nostre génie, ou plutost nostre paresse et nostre peu de courage, si nous ne faisons rien de semblable à ces chefs-d'œuvre qui ont survescu à tant de siècles, et donné tant d'admiration à la postérité. »

Quant aux chefs-d'œuvre, l'opinion de Vaugelas peut être contestée ; mais pour tout ce qui tient à la pureté et au naturel de la langue, ne doit-on pas l'adopter tout entière ? Pourquoi ces qualités cesseraient-elles d'être à la disposition des écrivains ? Les chefs-d'œuvre peuvent manquer, sans doute ; qui saurait dire d'où ils viennent et comment ils se forment ? Mais il ne faut pas que les langues puissent manquer aux chefs-d'œuvre.

FIN.

TABLE.

Vu et lu,

A Paris, en Sorbonne, le 2 juillet 1843, par le doyen de la
Faculté des Lettres de Paris.

J. Vict. LE CLERC.

Permis d'imprimer.

L'Inspecteur général des études, chargé de l'administration
de l'Académie de Paris.

ROUSSELLE